O FUTURO DE UMA ILUSÃO

seguido de

O MAL-ESTAR NA CULTURA

Livros de Freud publicados pela **L&PM** EDITORES

Além do princípio de prazer
Compêndio da psicanálise
Da história de uma neurose infantil [O Homem dos Lobos]
Inibição, sintoma e medo
A interpretação dos sonhos
O futuro de uma ilusão
O homem Moisés e a religião monoteísta
O mal-estar na cultura
Psicologia das massas e análise do eu
Sobre a psicopatologia da vida cotidiana
Totem e tabu

Série Ouro:
A interpretação dos sonhos

Livros relacionados
Freud – Chantal Talagrand e René Major
 (**L&PM** POCKET Biografias)
A interpretação dos sonhos (MANGÁ)
Sigmund Freud – Paulo Endo e Edson Sousa
 (**L&PM** POCKET **ENCYCLOPAEDIA**)

Sigmund Freud

O FUTURO DE UMA ILUSÃO
Revisão técnica e prefácio de Renata Udler Cromberg

seguido de

O MAL-ESTAR NA CULTURA
Revisão técnica e prefácio de Márcio Seligmann-Silva

Tradução do alemão de Renato Zwick
Ensaio biobibliográfico de Paulo Endo *e* Edson Sousa

L&PMCLÁSSICOS**MODERNOS**

Texto de acordo com a nova ortografia.
Título original: *Die Zukunft einer Illusion; Das Unbehagen in der Kultur*

Também disponíveis na Coleção **L&PM** POCKET (2010)

Tradução: Renato Zwick
Revisão técnica e prefácio: Renata Udler Cromberg (*O futuro de uma ilusão*) e Márcio Seligmann-Silva (*O mal-estar na cultura*)
Ensaio biobibliográfico: Paulo Endo e Edson Sousa
Capa: Ivan Pinheiro Machado. *Foto*: arquivos L&PM Editores
Preparação: Caroline Chang
Revisão: Patrícia Yurgel e Lia Cremonese

CIP-Brasil. Catalogação na publicação
Sindicato Nacional dos Editores de livros, RJ

F942f

Freud, Sigmund, 1856-1939
    O futuro de uma ilusão seguido de O mal-estar na cultura / Sigmund Freud; tradução Renato Zwick. – Porto Alegre [RS]: L&PM, 2023.
    208 p. ; 20 cm.   (Coleção L&PM Clássicos Modernos)

    Tradução de: *Die Zukunft einer Illusion; Das Unbehagen in der Kultur*
    ISBN 978-85-254-3765-5

    1. Psicologia. 2. Psicanálise. I. Zwick, Renato. II. Título.

18-50173   CDD: 150.195
                    CDU: 159.964.2

Leandra Felix da Cruz - Bibliotecária - CRB-7/6135

© da tradução, ensaios e notas, L&PM Editores, 2010.

Todos os direitos desta edição reservados a L&PM Editores, 2010
Rua Comendador Coruja, 314, loja 9 – Floresta – 90.220-180
Porto Alegre – RS – Brasil / Fone: 51.3225.5777

Pedidos & Depto. comercial: vendas@lpm.com.br
Fale conosco: info@lpm.com.br
www.lpm.com.br

Impresso no Brasil
Inverno de 2023

Sumário

Itinerário para uma leitura de Freud
Paulo Endo e Edson Sousa..7

O FUTURO DE UMA ILUSÃO

PREFÁCIO
Renata Udler Cromberg 17
O FUTURO DE UMA ILUSÃO 25
Bibliografia 89

O MAL-ESTAR NA CULTURA

PREFÁCIO
A cultura ou a sublime guerra entre Amor e Morte –
Márcio Seligmann-Silva..93
O MAL-ESTAR NA CULTURA 105
Bibliografia 202

Colaboradores desta edição..205

Itinerário para uma leitura de Freud

Paulo Endo e Edson Sousa

Freud não é apenas o pai da psicanálise, mas o fundador de uma forma muito particular e inédita de produzir ciência e conhecimento. Ele reinventou o que se sabia sobre a alma humana (a psique), instaurando uma ruptura com toda a tradição do pensamento ocidental, a partir de uma obra em que o pensamento racional, consciente e cartesiano perde seu lugar exclusivo e egrégio. Seus estudos sobre a vida inconsciente, realizados ao longo de toda a sua vasta obra, são hoje referência obrigatória para a ciência e para a filosofia contemporâneas. Sua influência no pensamento ocidental não só é inconteste como não cessa de ampliar seu alcance, dialogando com e influenciando as mais variadas áreas do saber, como a filosofia, as artes, a literatura, a teoria política e as neurociências.

Sigmund Freud (1856-1939) nasceu em Freiberg (atual Příbor), na região da Morávia, hoje parte da República Tcheca, mas àquela época parte do Império Austríaco. Filho de Jacob Freud e de sua terceira esposa, Amália Freud, teve nove irmãos – dois do primeiro casamento do pai e sete do casamento entre seu pai e sua mãe. Sigmund era o filho mais velho de oito irmãos e era sabidamente adorado pela mãe, que o chamava de "meu Sigi de ouro".

Em 1860, Jacob Freud, comerciante de lãs, mudou-se com a família para Viena, cidade onde Sigmund Freud residiria até quase o fim da vida, quando teria de se exilar em Londres, fugindo da perseguição nazista. De família pobre, formou-se em medicina em 1882. Devido a sua precária situação financeira, decidiu ingressar imediatamente na clínica médica em vez de se dedicar à pesquisa, uma de suas grandes paixões. À medida que se estabelecia como médico, pôde pensar em propor casamento para Martha Bernays. Casaram-se em 1886 e tiveram seis filhos: Mathilde, Martin, Oliver, Ernst, Sophie e Anna.

Embora o pai tenha lhe transmitido os valores do judaísmo, Freud nunca seguiu as tradições e os costumes religiosos; ao mesmo tempo, nunca deixou de se considerar um judeu. Em algumas ocasiões, atribuiu à sua origem judaica o fato de resistir aos inúmeros ataques que a psicanálise sofreu desde o início (Freud aproximava a hostilidade sofrida pelo povo judeu ao longo da história às críticas virulentas e repetidas que a clínica e a teoria psicanalíticas receberam). A psicanálise surgiu afirmando que o inconsciente e a sexualidade eram campos inexplorados da alma humana, na qual repousava todo um potencial para uma ciência ainda adormecida. Freud assumia, assim, seu propósito de remar contra a maré.

Médico neurologista de formação, foi contra a própria medicina que Freud produziu sua primeira ruptura epistêmica. Isto é: logo percebeu que as pacientes histéricas, afligidas por sintomas físicos sem causa aparente, eram, não raro, tratadas com indiferença médica e negligência no ambiente hospitalar. A histeria pedia, portanto, uma nova inteligibilidade, uma nova ciência.

A característica, muitas vezes espetacular, da sintomatologia das pacientes histéricas de um lado e, de outro, a impotência do saber médico diante desse fenômeno impressionaram o jovem neurologista. Doentes que apresentavam paralisia de membros, mutismo, dores, angústia, convulsões, contraturas, cegueira etc. desafiavam a racionalidade médica, que não encontrava qualquer explicação plausível para tais sintomas e sofrimentos. Freud então se debruçou sobre essas pacientes; porém, desde o princípio buscava as raízes psíquicas do sofrimento histérico e não a explicação neurofisiológica de tal sintomatologia. Procurava dar voz a tais pacientes e ouvir o que tinham a dizer, fazendo uso, no início, da hipnose como técnica de cura.

Em 1895, é publicado o artigo inaugural da psicanálise: *Estudos sobre a histeria*. O texto foi escrito com o médico Josef Breuer (1842-1925), o primeiro parceiro de pesquisa de Freud. Médico vienense respeitado e erudito, Breuer reconhecera em Freud um jovem brilhante e o ajudou durante anos, entre 1882 e 1885, inclusive financeiramente. *Estudos sobre a histeria* é o único material que escreveram juntos e já evidencia o distanciamento intelectual entre ambos. Enquanto Breuer permanecia convicto de que a neurofisiologia daria sustentação ao que ele e Freud já haviam observado na clínica da histeria, Freud, de outro modo, já estava claramente interessado na raiz sexual das psiconeuroses – caminho que perseguiu a partir do método clínico ao reconhecer em todo sintoma psíquico uma espécie de hieróglifo. Escreveu certa vez: "O paciente tem sempre razão. A doença não deve ser para ele um objeto de desprezo, mas, ao contrário, um adversário respeitável, uma parte do seu ser que tem boas razões de existir e que lhe deve permitir obter ensinamentos preciosos para o futuro".

Em 1899, Freud estava às voltas com os fundamentos da clínica e da teoria psicanalíticas. Não era suficiente postular a existência do inconsciente, uma vez que muitos outros antes dele já haviam se referido a esse aspecto desconhecido e pouco frequentado do psiquismo humano. Tratava-se de explicar seu dinamismo e estabelecer as bases de uma clínica que tivesse o inconsciente como núcleo. Há o inconsciente, mas como ter acesso a ele?

Foi nesse mesmo ano que Freud finalizou aquele que é, para muitos, o texto mais importante da história da psicanálise: *A interpretação dos sonhos*. A edição, porém, trazia a data de

1900. Sua ambição e intenção ao usar como data de publicação o ano seguinte era a de que esse trabalho figurasse como um dos mais importantes do século XX. De fato, *A interpretação dos sonhos* é hoje um dos mais relevantes textos escritos no referido século, ao lado de *A ética protestante e o "espírito" do capitalismo*, de Max Weber, *Tractatus Logico-Philosophicus*, de Ludwig Wittgenstein, e *Origens do totalitarismo*, de Hannah Arendt.

Nesse texto, Freud propõe uma teoria inovadora do aparelho psíquico, bem como os fundamentos da clínica psicanalítica, única capaz de revelar as formações, tramas e expressões do inconsciente, além da sintomatologia e do sofrimento que correspondem a essas dinâmicas. *A interpretação dos sonhos* revela, portanto, uma investigação extensa e absolutamente inédita sobre o inconsciente. Tudo isso a partir da análise e do estudo dos sonhos, a manifestação psíquica inconsciente por excelência. Porém, seria preciso aguardar um trabalho posterior para que fosse abordado o papel central da sexualidade na formação dos sintomas neuróticos.

Foi um desdobramento necessário e natural para Freud a publicação, em 1905, de *Três ensaios sobre a teoria da sexualidade*. A apresentação plena das suas hipóteses fundamentais sobre o papel da sexualidade na gênese da neurose (já noticiadas nos *Estudos sobre a histeria*) pôde, enfim, vir à luz, com todo o vigor do pensamento freudiano e livre das amarras de sua herança médica e da aliança com Breuer.

A verdadeira descoberta de um método de trabalho capaz de expor o inconsciente, reconhecendo suas determinações e interferindo em seus efeitos, deu-se com o surgimento da clínica psicanalítica. Antes disso, a nascente psicologia experimental alemã, capitaneada por Wilhelm Wundt (1832-1920), esmerava-se em aprofundar exercícios de autoconhecimento e autorreflexão psicológicos denominados de introspeccionismo. A pergunta óbvia elaborada pela psicanálise era: como podia a autoinvestigação esclarecer algo sobre o psiquismo profundo tendo sido o próprio psiquismo o que ocultou do sujeito suas dores e sofrimentos? Por isso a clínica psicanalítica propõe-se como uma fala do sujeito endereçada à escuta de um outro (o psicanalista).

A partir de 1905, a clínica psicanalítica se consolidou rapidamente e se tornou conhecida em diversos países, despertando o interesse e a necessidade de traduzir os textos de Freud para outras línguas. Em 1910, a psicanálise já ultrapassara as fronteiras da Europa e começava a chegar a países distantes como Estados Unidos, Argentina e Brasil. Discípulos de outras partes do mundo se aproximavam da obra freudiana e do movimento psicanalítico.

Desde muito cedo, Freud e alguns de seus seguidores reconheceram que a teoria psicanalítica tinha um alcance capaz de iluminar dilemas de outras áreas do conhecimento além daqueles observados na clínica. Um dos primeiros textos fundamentais nesta direção foi *Totem e tabu: algumas correspondências entre a vida psíquica dos selvagens e a dos neuróticos*, de 1913. Freud afirmou que *Totem e tabu* era, ao lado de *A interpretação dos sonhos*, um dos textos mais importantes de sua obra e o considerou uma contribuição para o que ele chamou de psicologia dos povos. De fato, nos grandes textos sociais e políticos de Freud há indicações explícitas a *Totem e tabu* como sendo o ponto de partida e fundamento de suas teses. É o caso de *Psicologia das massas e análise do eu* (1921), *O futuro de uma ilusão* (1927), *O mal-estar na cultura* (1930) e *O homem Moisés e a religião monoteísta* (1939).

O período em que Freud escreveu *Totem e tabu* foi especialmente conturbado, sobretudo porque estava sendo gestada a Primeira Guerra Mundial, que eclodiria em 1914 e duraria até 1918. Esse episódio histórico foi devastador para Freud e o movimento psicanalítico, esvaziando as fileiras dos pacientes que procuravam a psicanálise e as dos próprios psicanalistas. Importantes discípulos freudianos, como Karl Abraham e Sándor Ferenczi, foram convocados para o front, e a atividade clínica de Freud foi praticamente paralisada, o que gerou dissabores extremos à sua família devido à falta de recursos financeiros. Foi nesse período que Freud escreveu alguns dos textos mais importantes do que se costuma chamar a primeira fase da psicanálise (1895-1914). Esses trabalhos foram por ele intitulados de "textos sobre a metapsicologia", ou textos sobre a teoria psicanalítica.

Tais artigos, inicialmente previstos para perfazerem um conjunto de doze, eram parte de um projeto que deveria sintetizar as principais posições teóricas da ciência psicanalítica até então. Em apenas seis semanas, Freud escreveu os cinco artigos que hoje conhecemos como uma espécie de apanhado denso, inovador e consistente de metapsicologia. São eles: "Pulsões e destinos da pulsão", "O inconsciente", "O recalque", "Luto e melancolia" e "Complemento metapsicológico à doutrina dos sonhos". O artigo "Para introduzir o narcisismo", escrito em 1914, junta-se também a esse grupo de textos. Dos doze artigos previstos, cinco não foram publicados, apesar de Freud tê-los concluído: ao que tudo indica, ele os destruiu. (Em 1983, a psicanalista e pesquisadora Ilse Grubrich-Smitis encontrou um manuscrito de Freud, com um bilhete anexado ao discípulo e amigo Sándor Ferenczi, em que identificava "Visão geral das neuroses de transferência" como o 12º ensaio da série sobre metapsicologia. O artigo foi publicado em 1985 e é o sétimo e último texto de Freud sobre metapsicologia que chegou até nós.)

Após o final da Primeira Guerra e alguns anos depois de ter se esmerado em reapresentar a psicanálise em seus fundamentos, Freud publica, em 1920, um artigo avassalador intitulado *Além do princípio de prazer*. Texto revolucionário, admirável e ao mesmo tempo mal aceito e mal digerido até hoje por muitos psicanalistas, desconfortáveis com a proposição de uma pulsão (ou impulso, conforme se preferiu na presente tradução) de morte autônoma e independente das pulsões de vida. Nesse artigo, Freud refaz os alicerces da teoria psicanalítica ao propor novos fundamentos para a teoria das pulsões. A primeira teoria das pulsões apresentava duas energias psíquicas como sendo a base da dinâmica do psiquismo: as pulsões do eu e as pulsões de objeto. As pulsões do eu ocupam-se em dar ao eu proteção, guarda e satisfação das necessidades elementares (fome, sede, sobrevivência, proteção contra intempéries etc.), e as pulsões de objeto buscam a associação erótica e sexual com outrem.

Já em *Além do princípio de prazer*, Freud avança no estudo dos movimentos psíquicos das pulsões. Mobilizado pelo tratamento dos neuróticos de guerra que povoavam as cidades europeias e por alguns de seus discípulos que, convocados, atenderam psicanaliticamente nas frentes de batalha, Freud reencontrou o estímulo para repensar a própria natureza da repetição do sintoma neurótico em sua articulação com o trauma. Surge o conceito de pulsão de morte: uma energia que ataca o psiquismo e pode paralisar o trabalho do eu, mobilizando-o em direção ao desejo de não mais desejar, que resultaria na morte psíquica. É provavelmente a primeira vez em que se postula no psiquismo uma tendência e uma força capazes de provocar a paralisia, a dor e a destruição.

Uma das principais consequências dessa reviravolta é a segunda teoria pulsional, que pode ser reencontrada na nova teoria do aparelho psíquico, conhecida como segunda tópica, ou segunda teoria do aparelho psíquico (que se dividiria em ego, id e superego, ou eu, isso e supereu), apresentada no texto *O eu e o id*, publicado em 1923. Freud propõe uma instância psíquica denominada supereu. Essa instância, ao mesmo tempo em que possibilita uma aliança psíquica com a cultura, a civilização, os pactos sociais, as leis e as regras, é também responsável pela culpa, pelas frustrações e pelas exigências que o sujeito impõe a si mesmo, muitas delas inalcançáveis. Daí o mal-estar que acompanha todo sujeito e que não pode ser inteiramente superado.

Em 1938, foi redigido o texto *Compêndio da psicanálise*, que seria publicado postumamente em 1940. Freud pretendia escrever uma grande síntese de sua doutrina, mas faleceu no exílio londrino em setembro de 1939, após a deflagração da Segunda Guerra Mundial, antes de terminá-la. O *Compêndio* permanece, então, conforme o próprio nome sugere, como uma espécie de inacabado testamento teórico freudiano, indicando a incompletude da própria teoria psicanalítica que, desde então, segue se modificando, se refazendo e se aprofundando.

É curioso que o último grande texto de Freud, publicado em 1939, tenha sido *O homem Moisés e a religião monoteísta*, trabalho potente e fundador que reexamina teses historiográficas basilares da cultura judaica e da religião monoteísta a partir do arsenal psicanalítico. Essa obra mereceu comentários de grandes pensadores contemporâneos como Yosef Yerushalmi, Edward Said e Jacques Derrida, que continuaram a enriquecê-la, desvelando não só a herança judaica muito particular de Freud, por ele afirmada e ao mesmo tempo combatida, mas também o alcance da psicanálise no debate sobre os fundamentos da historiografia do judaísmo, determinante da constituição identitária de pessoas, povos e nações.

Esta breve anotação introdutória é certamente insuficiente, pois muito ainda se poderia falar de Freud. Contudo, esperamos haver, ao menos, despertado a curiosidade no leitor, que passará a ter em mãos, com esta coleção, uma nova e instigante série de textos de Freud, com tradução direta do alemão e revisão técnica de destacados psicanalistas e estudiosos da psicanálise no Brasil.

Ao leitor, só nos resta desejar boa e transformadora viagem.

O FUTURO DE UMA ILUSÃO

Prefácio

Renata Udler Cromberg

Em *O futuro de uma ilusão*, publicado em 1927, Freud procura analisar a origem da necessidade do ser humano de ter uma crença religiosa na sua vida. Apesar de Freud respeitar o fenômeno religioso como manifestação cultural e manifestação de fé singular calcada nos sentidos, ele tenta desmontá-la enquanto forma de conhecimento do mundo por considerá-la a origem da alienação, da superstição, além de um fenômeno calcado na imaginação. Freud se aproxima muito do filósofo Espinosa ao procurar esclarecer e liberar o ser humano no intuito de ajudá-lo na compreensão e na transformação dos seus afetos para que ele não se torne submisso a opressões reais e imaginárias, dentro e fora de si.

O futuro de uma ilusão é o quarto dos seis ensaios de Freud que abordam temas ligados à constituição da cultura e da sociedade. Os outros cinco são: "A moral sexual 'cultural' e o nervosismo moderno", de 1908, *Totem e tabu*, de 1913, *Psicologia das massas e análise do eu*, de 1921, *O mal-estar na cultura*, de 1930, e *O homem Moisés e a religião monoteísta*, de 1939. Tais ensaios são erroneamente chamados de textos sociais de Freud ou de psicanálise aplicada, uma vez que neles Freud faz análise da cultura ou da sociedade toda vez que tem uma questão conceitual a testar ou a resolver referente à própria e constante recriação da teoria psicanalítica. Assim, o social e o singular entrelaçam-se na produção desses textos, que analisam a constituição das manifestações psíquicas, culturais e sociais.

O próprio Freud, nas primeiras linhas de *Psicologia das massas e análise do eu*, rejeita a oposição clássica entre psicologia individual e psicologia social, ou psicologia das massas, salientando que há sempre um outro (modelo, objeto, rival) na vida psíquica do indivíduo, e que, portanto, a psicologia individual é sempre social. Entretanto, há uma diferença, no interior da psicologia individual, entre os atos sociais e os atos narcísicos: no caso destes últimos, a satisfação pulsional (ou impulsional) escapa aos efeitos da alteridade. Assim, esses ensaios abordam também questões vitais para Freud como homem atravessado e constituído em suas escolhas e ações pelas intensidades do tempo histórico em que vivia e em razão das quais sofria passivamente: a queda das monarquias europeias, a Primeira Guerra Mundial, a Revolução Russa, a ascensão do stalinismo, do fascismo e do nazismo e suas políticas de massa totalitárias, a escalada do antissemitismo, a Grande Depressão e o vertiginoso desenvolvimento tecnológico.

Ao escrever sobre religião naquele momento específico da sua obra, Freud luta para estabelecer a psicanálise enquanto campo de saber que formula uma concepção de aparelho psíquico, que por sua vez fornece a base de uma nova terapêutica para o sofrimento mental humano. O sofrimento mental humano não é nem o produto de forças exteriores, como a religião faz acreditar, nem o produto de lesões corporais ou de heranças familiares, como a medicina fazia crer até então. É na história singular de cada homem, em conjunção com as forças pulsionais que habitam seu corpo e inscritas na constituição de seu psiquismo, que encontramos as razões para o sofrimento psíquico que se expressa através de seu corpo e de sua alma.

O veículo para a cura é uma fala que será escutada por outro. Porém, não se trata nem de uma confissão, como a fala a um padre, nem de um discurso dirigido a um saber prefixado, como no caso de uma consulta médica. O psicanalista, da posição de escuta em que está, abre a fala do sujeito para um saber verdadeiro desconhecido por ambos, até que este surge, inesperadamente. A psicanálise, então, distingue-se de todos os tratamentos da alma e de todas as formas de confissões terapêuticas ligadas às diversas religiões justamente por encontrar no próprio homem a origem e a cura para seus males, possibilitando a libertação dos fantasmas que impedem a autonomia e a liberdade de suas escolhas. Por isso, segundo Freud, a psicanálise deveria construir seus próprios critérios de formação profissional. Não deveria se subordinar nem à medicina nem à psiquiatria, uma subdivisão desta, tampouco à religião. Mas no início, para garantir sua laicidade, ela se submeteu à medicina e teve até mesmo um papel de crescente importância de subsídio à psiquiatria, então uma nova área médica. Contudo, quando a psiquiatria tentou abocanhar a exclusividade da formação profissional do psicanalista, Freud discordou veementemente. Em 1926, escreveu *A questão da análise leiga*, um texto vigoroso a favor da análise realizada por não médicos que tivessem passado pelos critérios exclusivos da formação psicanalítica, a saber, a análise pessoal dita didática e a supervisão dos atendimentos clínicos. Para garantir o controle exclusivo da especificidade da formação do psicanalista e a autonomia do saber psicanalítico, as instituições psicanalíticas se fortaleceram com a criação da Associação Psicanalítica Internacional, em 1925, em Viena. Com algumas variações, essas regras são aceitas por todas as instituições psicanalíticas que de alguma forma reivindicam o freudismo no mundo, em suas diversas correntes. Tais instituições se reafirmam vigorosamente como a garantia de que a prática psicanalítica não seja engolida e distorcida por psiquiatras, psicoterapeutas ou religiosos.

Freud mesmo escreve numa carta a Oskar Pfister, reverendo protestante, seu grande amigo e interlocutor imaginário desse ensaio, que "ao tratar da análise leiga, pretendia proteger a psicanálise dos médicos, ao passo que, em *O futuro de uma ilusão*, procuro defendê-la dos padres", confirmando o laço implícito entre os dois textos. Após demarcar o campo de atuação e formação do psicanalista de maneira a distingui-lo do campo médico e psiquiátrico, agora se tratava de afastar definitivamente o risco de confundi-lo com o campo sagrado das terapêuticas religiosas da alma.

Demolir os argumentos da fé religiosa já era um projeto antigo de Freud; chegara a hora de realizá-lo. Oskar Pfister aderira ao movimento psicanalítico em 1908, pois desejava utilizar a técnica psicanalítica em sua missão de pastor das almas. Foi um pioneiro da psicanálise na Suíça alemã e teve um valor estratégico excepcional para Freud no momento do encontro entre ambos. Foram trinta anos de amizade baseada no grande afeto e na admiração recíproca, apesar das divergências em questões de fé e de prática clínica. Após a redação de *O futuro*, Freud anunciou a Pfister, por carta, que a publicação do texto tinha muito a ver com ele e que há muito queria escrevê-lo, mas havia arquivado a ideia em consideração ao amigo, até que finalmente a premência se tornou forte demais. O ensaio tratava da atitude absolutamente negativa dele, Freud, para com a religião sob todas as formas e combinações e, apesar disso não ser novidade para Pfister, tal confissão pública poderia lhe ser embaraçosa. Pfister reagiu de forma encorajadora, dizendo, por carta, que preferia muito mais ler um descrente sensato como Freud do que mil crentes sem valor.

Em "A ilusão de um futuro", artigo publicado logo em seguida na pioneira revista psicanalítica *Imago* (dentre várias reações suscitadas por *O futuro*, algumas das quais violentas), o reverendo dizia amistosamente que o redigira a favor e não contra Freud, pois, afinal, quem quer que ingressasse nas fileiras da psicanálise por ele combatia. O reverendo inteligentemente invertera os papéis com seu velho amigo, acusando Freud, sabidamente um pessimista inveterado, de um otimismo injustificado. Pfister argumentou que o conhecimento não garantia o progresso. A ciência, seca e antisséptica, tampouco jamais poderia ocupar o lugar da religião, já que não conseguia inspirar valores morais ou obras de arte duradouras. Em seu artigo, Pfister afirmava que a verdadeira fé era uma proteção contra a neurose e que a posição freudiana era ela própria uma ilusão, pois passava ao largo da atitude autêntica do cristão. Freud respondeu-lhe em carta dizendo que, em si, a psicanálise não é nem religiosa nem irreligiosa. É um sentimento sem partido, do qual podem servir-se religiosos e leigos, desde que o façam unicamente a serviço do alívio dos seres que sofrem.

Examinemos sucintamente a religião na obra de Freud. A religião foi analisada como fato social por Max Weber e Émile Durkheim no início do século XX no campo novo da sociologia. Freud, porém, pensa a origem do sentimento religioso de um outro ponto de vista, a partir do funcionamento da vida psíquica do indivíduo. O tema aparece inicialmente em "Atos obsessivos e práticas religiosas", de 1907, ensaio no qual Freud faz um paralelo entre os sintomas do quadro clínico da neurose obsessiva e a religião, sendo os sintomas obsessivos a religião particular do neurótico, enquanto a religião seria o sintoma neurótico da humanidade. Como elemento determinante da educação, vê na religião uma coerção precoce e nefasta da inteligência infantil, em "A moral sexual 'cultural' e o nervosismo moderno", de 1908. Já em *Totem e tabu*, de 1913, Freud apresenta sua teoria da religião propondo uma interpretação do desenvolvimento das religiões, do animismo até o cristianismo, passando por vários graus intermediários. Para ele, a verdade histórica, mais do que a verdade fatual – contida na religião e ao mesmo tempo por ela deformada até tornar-se irreconhecível –, é a verdade do crime primordial, cujos traços não podem ser suprimidos: o assassinato do pai primitivo, senhor absoluto da horda, feito por seus filhos, cuja culpa e arrependimento institui as primeiras proibições que fundam a cultura e a possibilidade da vida em sociedade, ou seja, a proibição do assassinato e a instauração do tabu do incesto. Assim, a raiz da ilusão religiosa é a nostalgia do pai, que retorna sob a figura do pai morto, inicialmente como totem, depois como os deuses e finalmente na figura abstrata de Deus. Essa tese ganhará importância crescente na obra de Freud, e ele não mais a abandonará como eixo de compreensão da vida psíquica e cultural do homem.

A religião também aparece como questão da vida psíquica de Freud na figura – crucial para ele – de Moisés, o profeta bíblico. Seu último artigo publicado em vida, uma espécie de testamento literário, é *O homem Moisés e a religião monoteísta*, de 1939, ensaio em que é abordada a religião como manifestação psíquica e cultural, desta vez numa desconstrução até a origem do monoteísmo. Todo o pensamento de Freud sobre a religião carrega as marcas de sua ambivalência em relação à sua condição de judeu. Ele nunca renegou sua judeidade e a reivindicou todas as vezes que se confrontou com o antissemitismo. Como muitos intelectuais judeus vienenses, foi obrigado a elaborar sua judeidade, a maneira de se pensar judeu no mundo moderno, mesmo sendo descrente, agnóstico, humanista, leigo ou ateu. Freud tinha horror ao ódio judeu de si mesmo e à fuga para a conversão a outras religiões. Mas era descrente e hostil às práticas religiosas, rejeitava as tradições, os ritos e as festas, e, no seio da sua própria família, combatia as atitudes religiosas da esposa. Quando o nazismo fez da psicanálise uma ciência judaica, ele reivindicou sua judeidade. Escapando por um triz de ser preso pela Gestapo, teve mais sorte do que muitos psicanalistas judeus e do que suas irmãs, que não conseguiram emigrar e pereceram nos campos de extermínio nazistas.

Em *O futuro de uma ilusão*, como o leitor logo terá a oportunidade de constatar, o argumento psicanalítico central contra a religião é a necessidade, por parte do sentimento religioso, de derivar suas crenças e suas práticas dos sentimentos de desproteção e vulnerabilidade presentes no indivíduo e na maneira de a criança sempre viva no psiquismo de cada um criar mecanismos psíquicos para se haver com tais sentimentos. A religião teria sua origem, então, como construção de uma proteção contra o desamparo humano diante de situações que o homem não domina e não controla: a finitude, a fragilidade do corpo e a agressividade na relação com o seu semelhante. Mas a principal crítica de Freud à religião é a de ter falhado em conciliar o homem com as renúncias pulsionais impostas pela civilização.

O futuro de uma ilusão é precursor de *O mal-estar na cultura*, o texto mais sombrio e visionário de Freud sobre a condição humana. Neste último, ele aprofunda e estende a análise crítica da religião à cultura em geral. É a figura do escritor francês Romain Rolland que faz a ponte entre os dois ensaios. O título de *O futuro de uma ilusão* foi tomado de um trecho da peça teatral *Liluli*, de Rolland. Já o ensaio de 1929 tem como mote inicial a crítica a uma resenha escrita por Rolland em que este lamentava que Freud não tivesse levado em consideração, em *O futuro de uma ilusão*, o sentimento oceânico, o fato simples e direto da sensação do eterno. Freud rejeita que tal sensação possa constituir a essência da religiosidade. Retomando e estendendo as teses do livro anterior, ele mostra como a religião busca impor um modelo de felicidade uniforme, único e restritivo de adaptação à realidade, cujas características são a desvalorização da vida terrena, a substituição do mundo real por um mundo delirante e a inibição intelectual, sem atender, portanto, à infinita variedade das condições psíquicas.

Que a leitura deste livro sirva de inspiração neste mundo onde os extremismos religiosos e o Deus Dinheiro ameaçam perigosamente a lucidez amorosa necessária à reinvenção de uma concepção de cultura que não contrarie as forças da Natureza, mas que seja a favor da potência de vida desta. Não há futuro sem ilusão, sendo "ilusão" entendida como zona de constante abertura psíquica para a recriação do mundo por meio do sonho, da arte e da espiritualidade, e para a invenção permanente de si. Que o homem, ao assumir sua destrutividade, possa reinventar novas formas de amor que a contenham. Mas, como disse Freud, quem pode presumir o sucesso e o desfecho dessa luta imortal?

O futuro de uma ilusão

I

QUANDO ALGUÉM VIVEU um bom tempo em determinada cultura e fez esforços frequentes na investigação de suas origens e do percurso de seu desenvolvimento, chega o dia em que também sente a tentação de voltar o olhar na outra direção e perguntar qual o destino mais remoto que aguarda essa cultura e por quais transformações ela está destinada a passar. Logo notará, porém, que o valor de semelhante investigação será depreciado de antemão por vários fatores. Sobretudo pelo fato de haver apenas poucas pessoas que podem abranger a atividade humana em todos os seus desdobramentos. Para a maioria, tornou-se necessária a limitação a um único ou a poucos campos do saber; porém, quanto menos alguém sabe do passado e do presente, tanto mais inseguro será seu juízo sobre o futuro. Também porque, precisamente em tal juízo, as expectativas subjetivas do indivíduo representam um papel difícil de avaliar; elas se mostram dependentes de fatores puramente pessoais de sua experiência particular, de sua atitude mais ou menos esperançosa em relação à vida, tal como lhe foi prescrita através do temperamento, do êxito ou do fracasso. Por fim, entra em ação o fato notável de que, em geral, os homens vivem o presente como que ingenuamente, sem conseguir apreciar seus conteúdos; primeiro precisam se distanciar dele, ou seja, o presente precisa ter se transformado em passado caso se queira tirar dele pontos de referência para o juízo sobre o futuro.

Assim, quem cede à tentação de se manifestar sobre o futuro provável de nossa cultura fará bem em se lembrar das dificuldades que acabamos de indicar, bem como da incerteza geralmente ligada a toda previsão. Disso se segue, no que diz respeito a mim, que, em fuga apressada diante de tarefa tão grande, logo passarei a investigar o pequeno campo que até hoje mereceu a minha atenção, depois de apenas determinar sua posição no grande todo.

Como se sabe, a cultura humana – me refiro a tudo aquilo em que a vida humana se elevou acima de suas condições animais e se distingue da vida dos bichos; e me recuso a separar cultura e civilização – mostra dois lados ao observador. Ela abrange, por um lado, todo o saber e toda a capacidade adquiridos pelo homem com o fim de dominar as forças da natureza e obter seus bens para a satisfação das necessidades humanas e, por outro, todas as instituições necessárias para regular as relações dos homens entre si e, em especial, a divisão dos bens acessíveis. Essas duas orientações da cultura não são independentes uma da outra, em primeiro lugar, porque as relações mútuas entre os homens são profundamente influenciadas pela medida de satisfação dos impulsos[1] possibilitada pelos

---

1. "Impulso" foi a nossa opção para traduzir *Trieb*. Embora os problemas terminológicos constituam uma parte relativamente pequena da tarefa de traduzir, talvez seja pertinente fazer um breve comentário acerca da tradução desse termo.

O substantivo alemão *Trieb* surgiu no século XIII, derivado do verbo *treiben*, que significa "impelir, impulsionar, tocar para a frente". Segundo o *Dicionário comentado do alemão de Freud*, de Luiz Alberto Hanns (Imago, 1996), *Trieb*, tal como empregado não só na linguagem corrente, mas também nas linguagens comercial, religiosa, científica e filosófica, adquiriu sentidos que estão todos muito próximos e sempre correlacionados com um núcleo semântico básico: algo que propulsiona, aguilhoa, toca para a frente, não deixa parar, empurra, coloca em movimento. Assim, *Trieb* evoca a ideia, ainda segundo Hanns, de força poderosa e irresistível que impele.

Tal como empregado por Freud, o sentido do termo aponta nessa mesma direção: "Chamamos de *Triebe* as forças que supomos existir por trás das tensões de necessidade do isso" (*Compêndio da psicanálise*, cap. 2, p. 49, L&PM, 2014). Ou na definição igualmente concisa do *Vocabulário da psicanálise* de J. Laplanche e J.-B. Pontalis (Martins Fontes, 2004): "[O *Trieb* é um] processo dinâmico que consiste numa pressão ou força (carga energética, fator de motricidade) que faz o organismo tender para um objetivo". (continua)

bens existentes e, em segundo lugar, porque o próprio indivíduo pode se relacionar com outro na condição de um bem, na medida em que este utiliza a força de trabalho do primeiro ou o toma como objeto sexual; porém, em terceiro lugar, porque todo indivíduo é virtualmente um inimigo da cultura, que, no entanto, deve ser um interesse humano geral. É notável o fato de os seres humanos, por mais que não possam viver em isolamento, considerarem opressivos os sacrifícios que lhes são exigidos pela cultura com o propósito de possibilitar uma vida em comum. A cultura, portanto, precisa ser defendida contra o indivíduo, e suas disposições, instituições e mandamentos se colocam a serviço dessa tarefa; não apenas objetivam estabelecer certa divisão de bens, mas também mantê-la, e precisam, inclusive, proteger dos arroubos hostis dos homens tudo aquilo que serve para dominar a natureza e produzir bens. As criações humanas são fáceis de destruir, e a ciência e a técnica que as construíram também podem ser empregadas na sua aniquilação.

(cont.) No Brasil, a tradução do termo *Trieb* se polarizou entre "instinto" e "pulsão", o que é um reflexo evidente do fato de a recepção de Freud em nosso país ter sido mediada predominantemente pela tradição anglo-saxã (a tradução da tradução de James Strachey, que emprega *instinct*) e pela francesa (a leitura de Jacques Lacan e seus seguidores, que empregam *pulsion*). Ou seja: não se traduziu *Trieb*, mas os termos que foram propostos como seus equivalentes em inglês e francês. No entanto, entre o Cila de um termo impreciso (*instinct* – e, por extensão, "instinto" – parece mais adequado para verter o alemão *Instinkt*) e o Caríbdis de um horríssono neologismo, acreditamos que haja uma terceira possibilidade, que consiste simplesmente em atentar para os *sentidos* do termo *alemão* e buscar o seu equivalente em nosso idioma. Por essa razão, propomos a tradução de *Trieb* por "impulso", termo que, parece-nos, cobre perfeitamente os vários matizes de sentido da palavra alemã arrolados acima.

O risco de que nossa sugestão seja qualificada desdenhosamente de purista não é pequeno, e o fascínio dos jargões, como prova o alastramento do referido neologismo, é grande. Na construção de seu edifício teórico, contudo, Freud empregou termos correntes *e* antiquíssimos de sua língua – um procedimento que tentamos reproduzir na nossa. (N.T.)

Fica-se assim com a impressão de que a cultura é algo imposto a uma maioria recalcitrante por uma minoria que soube se apropriar dos meios de poder e de coerção. Obviamente, é fácil supor que essas dificuldades não estão ligadas à essência da própria cultura, mas que dependem das imperfeições das formas de cultura até agora desenvolvidas. Não é difícil, de fato, indicar esses defeitos. Enquanto a humanidade fez progressos contínuos no que diz respeito à dominação da natureza e pode esperar outros ainda maiores, não é possível constatar com segurança um progresso análogo na regulação dos assuntos humanos, e é provável que em todas as épocas, tal como ocorre agora novamente, muitas pessoas tenham se perguntado se vale mesmo a pena defender essa parcela da aquisição cultural. É de se acreditar que teria de ser possível uma nova regulação das relações humanas que fizesse secar as fontes do descontentamento com a cultura, na medida em que esta renunciasse à coerção e à repressão dos impulsos, de modo que os homens, sem serem perturbados por disputas interiores, pudessem se dedicar à obtenção de bens e ao seu usufruto. Seria a Idade do Ouro, restando apenas a questão de saber se tal estado pode se tornar realidade. Parece, antes, que toda cultura tem de ser construída sobre a coerção e a renúncia aos impulsos; não parece nem mesmo assegurado que a maioria dos indivíduos esteja preparada para assumir o trabalho necessário à obtenção de novos bens vitais caso cesse a coerção. Acho que é preciso contar com o fato de que em todos os homens há tendências destrutivas, ou seja, antissociais e anticulturais, e que num grande número de pessoas elas são fortes o bastante para determinar seu comportamento na sociedade humana.

Esse fato psicológico possui uma significação decisiva para o juízo acerca da cultura humana. Se de início se podia pensar que o essencial nela era a dominação da natureza para a obtenção de bens vitais e que os perigos que a ameaçavam poderiam ser eliminados por meio da adequada divisão desses bens entre os homens, agora o centro de gravidade parece ter se deslocado do material para o psíquico. Torna-se decisivo se e em que medida se é bem-sucedido em reduzir a carga de sacrifício dos impulsos imposta aos homens, em reconciliá-los com a necessária carga restante e compensá-los por isso. Assim como não se pode prescindir da coerção ao trabalho da cultura, tampouco se pode prescindir da dominação de uma minoria sobre a massa, pois as massas são indolentes e insensatas, não gostam de renunciar aos impulsos, não podem ser persuadidas com argumentos da inevitabilidade dessa renúncia e seus indivíduos se fortalecem mutuamente na tolerância aos desregramentos que praticam. Apenas através da influência de indivíduos exemplares que as massas reconheçam como seus líderes é que elas podem ser movidas ao trabalho e às renúncias de que depende a continuidade da cultura. Tudo anda bem se esses líderes forem pessoas dotadas de uma compreensão superior acerca das necessidades da vida e tenham se resolvido a dominar seus próprios desejos impulsionais. Mas há o risco de que, para não perder sua influência, façam mais concessões à massa do que esta a eles, e por isso parece necessário que disponham de meios de poder que lhes permitam ser independentes dela. Para resumir, eu diria que há duas características humanas amplamente difundidas responsáveis pelo fato de as instituições culturais apenas poderem ser mantidas através de certa medida de coerção, a saber, que os homens não são espontaneamente inclinados ao trabalho e que argumentos nada podem contra suas paixões.

Conheço as objeções que serão colocadas a essas explicações. Será dito que o caráter aqui descrito das massas humanas, que deve demonstrar a indispensabilidade da coerção para o trabalho da cultura, é ele próprio apenas a consequência de instituições culturais imperfeitas que tornaram os homens rancorosos, vingativos e intratáveis. Novas gerações, educadas com carinho e para valorizar o pensamento, que cedo tenham experimentado os benefícios da cultura, terão uma relação diferente com ela, considerando-a como a sua posse mais autêntica, e estarão preparadas para lhe oferecer os sacrifícios necessários à sua conservação, tanto em trabalho como em renúncia à satisfação dos impulsos. Elas poderão prescindir da coerção e pouco se distinguirão de seus líderes. Se até agora não houve massas humanas dessa qualidade em nenhuma cultura, isso é consequência de nenhuma cultura ter encontrado ainda as instituições para influenciar os homens, desde a infância, dessa maneira.

Pode-se duvidar se é mesmo possível, ou se é possível no estágio atual de nossa dominação da natureza, produzir tais instituições culturais; pode-se perguntar donde devem provir esses líderes superiores, firmes e abnegados que deverão atuar no papel de educadores das gerações futuras; pode-se ficar assustado diante do extraordinário dispêndio de coerção que será inevitável até a realização desses propósitos. A grandiosidade desse plano, sua significação para o futuro da cultura humana, não poderá ser contestada. Ele repousa seguramente na compreensão psicológica de que o homem é dotado das mais variadas disposições de impulsos, cuja direção definitiva é apontada pelas primeiras vivências infantis. Por isso, as limitações da educabilidade do homem também impõem seus limites à eficácia de semelhante mudança cultural. Pode-se pôr em dúvida se e em que medida um outro ambiente cultural seria capaz de extinguir as duas características das massas que tanto dificultam a condução dos assuntos humanos. A experiência ainda não foi feita. É provável que certa percentagem da humanidade – em consequência de uma disposição patológica ou de uma força excessiva dos impulsos – sempre permaneça associal, mas caso apenas se consiga reduzir a uma minoria a maioria que hoje é hostil à cultura, já se terá conseguido bastante, talvez tudo o que seja possível conseguir.

Não gostaria de despertar a impressão de que me afastei muito do caminho que tracei para minha investigação. Por isso, quero assegurar expressamente que não tenho interesse em julgar o grande experimento cultural que está sendo feito atualmente na vasta nação situada entre a Europa e a Ásia. Não possuo o conhecimento de causa nem a capacidade para julgar sua exequibilidade, examinar a adequação dos métodos empregados ou medir a extensão do inevitável abismo entre as intenções e a sua realização. Por estar incompleto, o que lá está em preparo escapa a considerações para as quais a nossa cultura, há tempos consolidada, oferece o material.

II

DE MODO INESPERADO, deslizamos do âmbito econômico ao psicológico. De início, estávamos tentados a buscar o patrimônio da cultura nos bens existentes e nas instituições que regulam sua divisão. Ao reconhecermos que toda cultura repousa sobre a coerção ao trabalho e a renúncia aos impulsos, e que por isso produz inevitavelmente uma oposição daqueles que são afetados por elas, tornou-se claro que os próprios bens, os meios para sua obtenção e as disposições para sua divisão não podem ser o essencial ou o único elemento da cultura. Pois eles são ameaçados pela rebelião e pela tendência destrutiva dos membros dessa cultura. A esses bens, somam-se agora os meios que podem servir para proteger a cultura, os meios de coerção e outros que devem ser capazes de reconciliar os homens com ela e recompensá-los pelos seus sacrifícios. Tais meios, porém, podem ser descritos como o patrimônio psíquico da cultura.

Para que nos expressemos de maneira uniforme, chamemos de *frustração* o fato de um impulso não poder ser satisfeito, de *proibição* a instituição que a estipula e de *privação* o estado produzido pela proibição. O passo seguinte é distinguir entre privações que atingem a todos e aquelas que não atingem a todos, mas apenas grupos, classes ou mesmo indivíduos. As primeiras são as mais antigas: as proibições que as instituíram deram início ao afastamento da cultura em relação ao estado animal primitivo, não sabemos exatamente há quantos milhares de anos. Para nossa surpresa, descobrimos que essas privações ainda estão ativas, que ainda constituem o âmago da hostilidade à cultura. Os desejos impulsionais que se ressentem delas nascem de novo com cada criança; há uma classe de pessoas, os neuróticos, que já reagem a essas frustrações com associabilidade. Esses desejos impulsionais são os do incesto, do canibalismo e do prazer de matar. Soa estranho comparar tais desejos, que todos os homens parecem unânimes em rejeitar, com aqueles outros por cuja permissão ou frustração se luta tão intensamente em nossa cultura, mas psicologicamente estamos autorizados a fazê-lo. E de modo algum a atitude cultural quanto a esses desejos impulsionais mais antigos é a mesma: apenas o canibalismo parece ser malvisto por todos e inteiramente superado do ponto de vista não analítico; ainda conseguimos perceber a força dos desejos incestuosos atrás da proibição, e o assassinato, em determinadas condições, ainda é praticado, até mesmo ordenado, pela nossa cultura. Aguardam-nos, possivelmente, evoluções culturais nas quais outras satisfações de desejo, hoje de todo possíveis, parecerão tão inaceitáveis quanto agora as do canibalismo.

Já nessas mais antigas renúncias aos impulsos entra em consideração um fator psicológico que permanece significativo para todas as renúncias posteriores. Não é correto afirmar que a psique humana não tenha passado por nenhuma evolução desde os tempos mais remotos e, ao contrário dos progressos da ciência e da técnica, ainda hoje seja a mesma do princípio da história. Podemos indicar aqui um desses progressos psíquicos. Faz parte do curso de nosso desenvolvimento que a coerção externa seja gradativamente interiorizada na medida em que uma instância psíquica especial, o supereu do homem, a inclui entre seus mandamentos. Cada criança nos mostra o processo de semelhante transformação, e apenas através dela se torna moral e social. Esse fortalecimento do supereu é um patrimônio psicológico da cultura altamente valioso. As pessoas nas quais ele se completou deixam de ser adversárias da cultura para se tornar suas defensoras. Quanto maior o seu número em um círculo cultural, tanto mais protegida estará essa cultura, tanto mais ela pode prescindir de meios externos de coerção. Só que a medida dessa interiorização é muito diversa para cada uma das proibições dos impulsos. Para as mais antigas exigências culturais mencionadas, a interiorização, se deixarmos de lado a exceção indesejada dos neuróticos, parece ter sido amplamente alcançada. Essa proporção se modifica quando nos voltamos para as demais exigências dos impulsos. Percebe-se então, com surpresa e receio, que a maioria dos homens obedece às respectivas proibições culturais apenas quando pressionada pela coerção externa, ou seja, apenas ali onde esta pode se fazer valer e enquanto pode ser temida. Isso também é verdadeiro para as chamadas exigências morais da cultura que se dirigem a todos de igual maneira. A maior parte daquilo que se experimenta em relação à falta de seriedade moral das pessoas entra aqui. Um número imenso de homens aculturados, que recuaria horrorizado diante do assassinato ou do incesto, não se priva de satisfazer sua cobiça, seu gosto de agredir e seus apetites sexuais; não deixa de prejudicar os outros por meio da mentira, da fraude e da calúnia caso possa permanecer impune ao fazê-lo; e é possível que tenha sido sempre assim há muitas eras da cultura.

Quanto às limitações que se aplicam apenas a classes determinadas da sociedade, nos deparamos com condições graves e também jamais ignoradas. É de se esperar que essas classes desfavorecidas invejem as vantagens das privilegiadas e façam de tudo para se livrar de seu próprio acréscimo de privações. Quando isso não for possível, uma medida constante de descontentamento se imporá dentro dessa cultura, o que pode levar a rebeliões perigosas. Se, porém, uma cultura não conseguiu ir além do ponto de que a satisfação de certo número de seus membros tenha como pressuposto a opressão de outros, talvez a maioria – e esse é o caso de todas as culturas atuais –, é compreensível que esses oprimidos desenvolvam uma hostilidade intensa contra a cultura que possibilitam por meio de seu trabalho, mas de cujos bens lhes cabe uma cota muito pequena. Não se deve, pois, esperar uma interiorização das proibições culturais entre os oprimidos; pelo contrário, eles não estão dispostos a reconhecer essas proibições, antes estão empenhados em destruir a própria cultura e, eventualmente, até em abolir seus pressupostos. A hostilidade dessas classes à cultura é tão manifesta que, por sua causa, não se prestou atenção à hostilidade mais latente das camadas da sociedade com maior participação. Não é preciso dizer que uma cultura que deixa insatisfeito um número tão grande de membros e os incita à rebelião não tem perspectivas de se conservar perpetuamente, nem o merece.

A medida de interiorização dos preceitos culturais – dito de maneira popular e não psicológica: o nível moral dos membros – não é o único bem psíquico a ser levado em conta ao se apreciar uma cultura. Há, além disso, seu patrimônio de ideais e de criações artísticas, ou seja, as satisfações que são obtidas a partir de ambos.

É com muita facilidade que se tenderá a incluir os ideais de uma cultura, ou seja, as avaliações que indicam quais são as realizações mais altas e mais dignas de serem ambicionadas, entre suas posses psíquicas. De início, parece que esses ideais determinariam as realizações do círculo cultural; o processo real, porém, poderia ser o de que os ideais se formam depois das primeiras realizações possibilitadas pela cooperação de aptidões interiores e condições exteriores de uma cultura, e que essas primeiras realizações sejam então conservadas pelos ideais para serem continuadas. A satisfação que os ideais oferecem aos membros da cultura é, portanto, de natureza narcísica; ela repousa sobre o orgulho da realização que já foi bem-sucedida. Para que seja completa, essa satisfação precisa ser comparada com outras culturas que se lançaram a realizações diferentes e desenvolveram outros ideais. Devido a tais diferenças, cada cultura se atribui o direito de menosprezar a outra. Desse modo, os ideais culturais se transformam em ocasião para discórdia e desavença entre diferentes círculos culturais, tal como se torna bastante claro entre nações.

A satisfação narcísica obtida do ideal cultural também está entre aquelas potências que se opõem com êxito à hostilidade dirigida à cultura dentro do círculo cultural. Não apenas as classes privilegiadas, que gozam os benefícios dessa cultura, mas também os oprimidos podem tomar parte nessa satisfação, na medida em que a autorização para desprezar aqueles que estão fora os recompensa pelo prejuízo em seu próprio círculo. Alguém pode ter sido, sem dúvida, um plebeu miserável, atormentado por dívidas e pelo serviço militar, mas, em compensação, era romano, tinha sua parcela na tarefa de dominar outras nações e prescrever suas leis. Porém, essa identificação dos oprimidos com a classe que os domina e explora é apenas uma parte de um contexto maior. Aqueles, além disso, podem estar ligados afetivamente a esta e, apesar da hostilidade, ver seus ideais nos seus senhores. Se não existissem tais relações, no fundo satisfatórias, seria incompreensível que tantas culturas tivessem se conservado por tanto tempo, apesar da justificada hostilidade de grandes massas humanas.

De um gênero diferente é a satisfação proporcionada pela arte aos membros de um círculo cultural, embora, em regra, ela permaneça inacessível às massas, que são ocupadas pelo trabalho extenuante e que não gozaram de qualquer educação pessoal. Conforme aprendemos há tempo, a arte oferece satisfações substitutivas para as mais antigas renúncias culturais, ainda sentidas da forma mais aguda, e tem, por isso, um incomparável efeito de reconciliar com os sacrifícios oferecidos a essas renúncias. Por outro lado, suas criações intensificam os sentimentos de identificação, tão necessitados por todos os círculos culturais, por meio do ensejo a sensações vividas em comum, altamente valorizadas; porém, elas também servem à satisfação narcísica quando representam as realizações de uma cultura em especial, quando, de maneira impressiva, fazem lembrar seus ideais.

Aquela que talvez seja a parcela mais significativa do inventário psíquico de uma cultura ainda não foi mencionada. Trata-se de suas ideias religiosas, no mais amplo sentido; em outras palavras, a serem justificadas posteriormente, de suas ilusões.

III

EM QUE RESIDE o valor especial das ideias religiosas?

Falamos da hostilidade à cultura gerada pela pressão que esta exerce, pelas renúncias aos impulsos que exige. Caso imaginemos suas proibições abolidas, alguém pode, então, escolher para objeto sexual qualquer mulher que lhe agrade; pode matar seu rival na disputa por mulheres, ou quem mais estiver em seu caminho, sem o menor escrúpulo; pode, também, tomar qualquer bem do outro sem lhe pedir permissão – que maravilha, que cadeia de satisfações não seria então a vida! Na verdade, logo surge a primeira dificuldade. Qualquer outro tem exatamente os mesmos desejos que eu, e não me tratará com mais consideração do que eu o trato. Dessa forma, apenas um indivíduo, no fundo, poderia se tornar irrestritamente feliz através de tal abolição das restrições culturais: um tirano, um ditador que tivesse se apossado de todos os meios de poder, e mesmo ele teria todas as razões para desejar que os outros respeitassem pelo menos um dos mandamentos da cultura: "Não matarás".

Porém, como é ingrato, como é míope, sobretudo, aspirar a uma abolição da cultura! O que então resta é o estado de natureza, e esse é muito mais difícil de suportar. É verdade que a natureza não exige de nós quaisquer restrições dos impulsos; ela nos deixa fazer o que quisermos, mas tem a sua maneira especialmente eficiente de nos restringir; ela nos mata de modo frio, cruel e sem consideração, segundo nos parece, e, talvez, justamente nas ocasiões de nossa satisfação. Precisamente em razão desses perigos com que a natureza nos ameaça foi que nos unimos e criamos a cultura, que, entre outras coisas, também deve possibilitar a nossa convivência. Afinal, a tarefa capital da cultura, sua verdadeira razão de ser, é nos defender contra a natureza.

É sabido que em muitos pontos ela já consegue fazê-lo agora razoavelmente bem, e, ao que parece, o fará muito melhor no futuro. Mas ninguém se entrega à ilusão de acreditar que a natureza já está dominada agora, e poucos ousam esperar que algum dia ela esteja inteiramente submetida ao homem. Aí estão os elementos, que parecem zombar de toda coerção humana; a terra, que treme, se fende e soterra tudo o que é humano e obra do homem; a água, que, em rebelião, inunda e afoga tudo; a tempestade, que sopra tudo para longe; aí estão as doenças, que apenas há pouco tempo reconhecemos como sendo ataques de outros seres vivos; por fim, o doloroso enigma da morte, para o qual até agora não se descobriu nenhum remédio e provavelmente nunca se descubra. Com tais forças, a natureza se subleva contra nós, imponente, cruel e implacável, colocando-nos outra vez diante dos olhos a nossa fraqueza e o nosso desamparo, de que pensávamos ter escapado graças ao trabalho da cultura. Uma das poucas impressões agradáveis e edificantes que se pode ter da humanidade nos é dada quando, diante de uma catástrofe natural, ela esquece as dissensões da cultura, todas as dificuldades e hostilidades internas, e se recorda da grande tarefa comum de sua conservação diante da prepotência da natureza.

Tal como para a humanidade em seu todo, também para o indivíduo a vida é difícil de suportar. Uma cota de privações lhe é imposta pela cultura de que faz parte; outra porção de sofrimento lhe é causada pelas demais pessoas, seja a despeito dos preceitos da cultura, seja em consequência das imperfeições dela. Acrescentam-se a isso os danos que a natureza indomada – ele a chama de "destino" – lhe provoca. As consequências dessa situação teriam de ser um estado de expectativa constante e angustiada e uma ofensa severa do narcisismo natural. Já sabemos como o indivíduo reage aos danos que lhe são causados pela cultura e pelos outros: desenvolve uma medida correspondente de resistência contra as instituições dessa cultura, de hostilidade a ela. Mas de que maneira ele se defende da prepotência da natureza, do destino, que o ameaça como a todos os outros?

A cultura o dispensa dessa tarefa, cuidando dela para todos de igual maneira; quanto a isso, também é notável que quase todas as culturas façam a mesma coisa. E ela não se detém na execução da sua tarefa de defender os homens da natureza, mas trata de continuá-la por outros meios. A tarefa, aí, é múltipla: a autoconfiança gravemente ameaçada do homem exige consolo; o mundo e a vida devem ser despojados de seus pavores; e, ao mesmo tempo, a curiosidade humana, sem dúvida impulsionada pelos mais poderosos interesses práticos, também quer uma resposta.

Já se conseguiu muito com o primeiro passo. E esse consiste em humanizar a natureza. Forças e destinos impessoais são inacessíveis, permanecem eternamente estranhos. Porém, se nos elementos se agitam paixões tal como na própria alma; se mesmo a morte não é algo espontâneo, mas o ato de violência de uma vontade maléfica; se, na natureza, o homem está cercado em toda parte por entes iguais àqueles que conhece em sua própria sociedade, então ele respira aliviado, sente-se em casa em meio a coisas inquietantes e pode elaborar psiquicamente a sua angústia sem sentido. Talvez ele ainda esteja indefeso, mas não está mais desamparadamente paralisado; pode ao menos reagir, e talvez não esteja nem mesmo indefeso, pois pode servir-se contra esses violentos super-homens de fora dos mesmos expedientes de que se serve em sua sociedade: pode tentar lhes fazer súplicas, apaziguá-los, suborná-los, roubar-lhes uma parte de seu poder através de tal influência. Essa substituição de uma ciência da natureza pela psicologia não apenas proporciona alívio imediato, mas também mostra o caminho para um domínio mais amplo da situação.

Pois essa situação não é nova; ela tem um modelo infantil, e é, na verdade, apenas a continuação de uma situação antiga, pois uma vez o homem já se encontrou em tal desamparo: quando criança pequena diante de seus pais, que tinha razão para temer – sobretudo o pai –, mas de cuja proteção contra os perigos que então conhecia também estava seguro. É natural, assim, comparar as duas situações. E, tal como na vida onírica, o desejo também não sai prejudicado. Um pressentimento de morte acomete aquele que dorme, quer levá-lo ao túmulo, mas o trabalho do sonho sabe escolher as condições em que mesmo esse acontecimento temido se transforma na realização de um desejo; aquele que sonha se vê num antigo túmulo etrusco, no qual entrou, feliz por satisfazer seus interesses arqueológicos. De modo semelhante, o homem não transforma as forças da natureza simplesmente em seres humanos com os quais pode se relacionar como faz com seus iguais – algo que também não faria justiça à impressão avassaladora que tem delas –, mas lhes confere um caráter paterno, transforma-as em deuses, seguindo nisso não apenas um modelo infantil, mas também, segundo já tentei mostrar certa vez, um modelo filogenético.

Com o tempo, são feitas as primeiras observações de regularidades e de leis nos fenômenos naturais, e, com isso, as forças da natureza perdem seus traços humanos. Mas o desamparo dos homens permanece, e, com ele, os deuses e o anseio pelo pai. Os deuses conservam a sua tripla tarefa: afastar os pavores da natureza, reconciliar os homens com a crueldade do destino, em especial como ele se mostra na morte, e recompensá-los pelos sofrimentos e privações que a convivência na cultura lhes impõe.

Gradativamente, porém, desloca-se a ênfase entre essas tarefas. Percebe-se que os fenômenos naturais se desenrolam por si mesmos segundo necessidades internas; os deuses, sem dúvida, são os senhores da natureza: dispuseram-na dessa maneira e agora podem deixá-la entregue a si mesma. Apenas ocasionalmente, com os chamados milagres, interferem em seu curso, como que para assegurar que não renunciaram em nada à sua esfera original de poder. No que se refere à distribuição dos destinos, fica a suspeita incômoda de que a desorientação e o desamparo do gênero humano não podem ser remediados. É sobretudo aqui que os deuses fracassam; se eles próprios fazem o destino, então é preciso chamar suas determinações de inescrutáveis; ao mais dotado povo da Antiguidade ocorreu que a *moira*[2] está acima dos deuses e que mesmo eles têm seu destino. E quanto mais a natureza se torna independente, quanto mais os deuses dela se retiram, tanto mais seriamente todas as expectativas se concentram na terceira tarefa que lhes é atribuída, tanto mais o âmbito moral se transforma em seu verdadeiro domínio. A partir de então, torna-se tarefa divina compensar as falhas e os danos da cultura, atentar para os sofrimentos que os homens se infligem mutuamente na vida em comum e vigiar o cumprimento dos preceitos culturais que eles obedecem tão mal. A esses próprios preceitos será atribuída origem divina, serão elevados acima da sociedade humana e estendidos à natureza e aos acontecimentos do mundo.

Cria-se assim um patrimônio de ideias, nascido da necessidade de tornar suportável o desamparo humano e construído com o material de lembranças relativas ao desamparo da própria infância e da infância do gênero humano. É claramente reconhecível que esse patrimônio protege os homens em dois sentidos: dos perigos da natureza e do destino, e dos danos causados pela própria sociedade humana. Exposto coerentemente, esse patrimônio diz: a vida neste mundo serve a um fim mais elevado, que, é verdade, não é fácil de adivinhar,

---

2. Fatalidade, destino. (N.T.)

mas que certamente significa um aperfeiçoamento do ser humano. É provável que o aspecto espiritual do homem, a alma, que no decorrer das épocas se separou tão lenta e relutantemente do corpo, deva ser o objeto dessa elevação e ascensão. Tudo o que acontece neste mundo é a realização dos propósitos de uma inteligência superior que, mesmo por caminhos e descaminhos difíceis de entender, acaba por guiar tudo para o bem, ou seja, para a nossa satisfação. Acima de cada um de nós vela uma Providência bondosa, apenas aparentemente severa, que não permite que nos tornemos o joguete de forças naturais poderosas e implacáveis; a própria morte não é uma aniquilação, um retorno ao inanimado inorgânico, mas o começo de uma nova espécie de existência situada no caminho do desenvolvimento rumo a algo superior. E, voltadas no outro sentido, as mesmas leis morais que instituíram nossas culturas também dominam todos os acontecimentos do mundo, só que são guardadas por uma instância julgadora suprema incomparavelmente mais poderosa e consequente. Todo o bem acaba por receber sua recompensa, todo o mal, sua punição – se isso não acontece já nesta forma da vida, acontecerá nas existências posteriores que começam após a morte. Desse modo, todos os pavores, sofrimentos e rigores da vida estão destinados à extinção; a vida após a morte, que continua nossa vida terrena assim como a parte invisível do espectro se une à visível, traz toda a completude de que talvez tenhamos sentido falta aqui. E a sabedoria superior que dirige esse curso, a infinita bondade que nele se expressa, a justiça que nele é levada a cabo – tais são as qualidades dos seres divinos que também nos criaram e criaram a totalidade do mundo. Ou antes, do único ser divino no qual, em nossa cultura, se condensaram todos os deuses das épocas passadas. O primeiro povo a obter essa concentração de qualidades divinas não ficou pouco orgulhoso desse avanço. Ele deixou à mostra o núcleo paterno que desde sempre estava oculto por trás de cada figura divina; no fundo, foi um retorno aos inícios históricos da noção de Deus. Agora que Deus era um só, as relações com ele puderam recobrar a efusão e a intensidade da relação infantil com o pai. Contudo, quando se fez tanto pelo pai, também se queria ser recompensado: ser, pelo menos, o único filho amado, o povo eleito. Muito mais tarde, os piedosos Estados Unidos pretendem ser *God's own country*[3], e, quanto a uma das formas dos homens venerarem a divindade, isso também é acertado.

As ideias religiosas que acabamos de resumir passaram obviamente por uma longa evolução; elas foram conservadas por culturas diversas em fases diversas. Escolhi apenas uma dessas fases de desenvolvimento, que corresponde aproximadamente à forma final em nossa cultura branca e cristã de hoje. É fácil de perceber que nem todas as partes desse todo se encaixam igualmente bem entre si, que nem todas as questões prementes são respondidas, que a discordância da experiência cotidiana apenas com esforço pode ser rechaçada. Porém, tais como são, essas ideias – as religiosas, no mais amplo sentido – são valorizadas como a posse mais preciosa da cultura, como o que de mais valioso ela tem a oferecer aos seus membros – muito mais estimadas do que todas as artes de extrair da Terra seus tesouros, prover a humanidade com alimentos ou prevenir doenças etc. Os homens acreditam não poder suportar a vida se não atribuírem a essas ideias o valor a elas reivindicado. As questões, agora, são: o que são essas ideias à luz da psicologia? Donde recebem a sua alta consideração? E, prosseguindo timidamente, qual é o seu valor real?

---

3. O próprio país de Deus. (N.T.)

IV

UMA INVESTIGAÇÃO QUE avança imperturbada como um monólogo não é inteiramente inofensiva. Cede-se com muita facilidade à tentação de afastar pensamentos que querem interrompê-la e, em troca, fica-se com um sentimento de insegurança que, no fim, se quer emudecer por meio de uma firmeza excessiva. Imagino, portanto, um adversário que acompanha minhas explicações com desconfiança, e lhe cedo a palavra regularmente.

Ouço-o dizer: "O senhor empregou repetidamente expressões como 'a cultura cria essas ideias religiosas' e 'a cultura as coloca à disposição de seus membros', o que soa um tanto estranho; eu mesmo não saberia dizer a razão, mas não soa tão natural quanto afirmar que a cultura criou prescrições sobre a divisão dos produtos do trabalho ou sobre os direitos quanto a mulheres e filhos".

Penso, porém, que é legítimo usar tais expressões. Procurei mostrar que as ideias religiosas resultaram da mesma necessidade que todas as demais conquistas da cultura, da necessidade de se defender da prepotência opressora da natureza. Somou-se a isso um segundo motivo, o ímpeto de corrigir as imperfeições da cultura, sentidas como algo penoso. Também é especialmente acertado afirmar que a cultura presenteia o indivíduo com tais ideias, pois ele as encontra, elas lhe são entregues acabadas e ele não seria capaz de achá-las sozinho. Ele toma posse da herança de muitas gerações, da qual se apropria como da tabuada, da geometria etc. Há, todavia, uma diferença, mas esta se encontra em outro ponto e por enquanto ainda não pode ser esclarecida. O sentimento de estranheza que o senhor menciona pode estar relacionado com o fato de que costumam nos apresentar esse patrimônio de ideias religiosas como sendo uma revelação divina. Só que essa mesma revelação já é uma parte do sistema religioso e negligencia inteiramente o conhecido desenvolvimento histórico dessas ideias, bem como suas diferenças em diferentes épocas e culturas.

"Há um outro ponto que me parece mais importante. O senhor faz a humanização da natureza resultar da necessidade de acabar com a desorientação e o desamparo humanos frente às suas temidas forças, de se relacionar com elas e, por fim, de influenciá-las. Semelhante motivo, porém, parece supérfluo. O homem primitivo não tem mesmo qualquer escolha, não pode pensar de outro modo. É-lhe natural, como algo inato, projetar o seu ser no mundo, considerar todos os processos que observa como expressões de seres que, no fundo, são idênticos a ele. É o seu único método de compreensão. E de modo algum é evidente, mas antes uma notável coincidência, que ele tivesse de ser bem-sucedido em satisfazer uma de suas maiores necessidades ao se deixar levar de tal maneira por suas disposições naturais."

Não acho isso tão estranho. O senhor acredita, então, que o pensamento humano não conhece motivos práticos, que é apenas a expressão de uma curiosidade desinteressada? Ora, isso é deveras improvável. Acredito, pelo contrário, que o homem, mesmo quando personifica as forças da natureza, segue um modelo infantil. Ele aprendeu com as pessoas de seu primeiro ambiente que estabelecer uma relação com elas é o caminho para influenciá-las, e por isso, com a mesma intenção, trata posteriormente tudo o mais que encontra tal como tratou essas pessoas. Não contradigo, portanto, sua observação descritiva de que é realmente natural para o homem personificar tudo o que quer compreender com o fim de posteriormente dominá-lo – a dominação psíquica como preparação para a dominação física –, mas eu acrescento o motivo e a gênese dessa particularidade do pensamento humano.

"E agora ainda um terceiro ponto. O senhor já se ocupou da origem da religião em outro momento, no livro *Totem e tabu*. Nele, porém, as coisas têm outro aspecto. Tudo é a relação pai-filho, Deus é o pai elevado, o anseio pelo pai é a raiz da necessidade religiosa. Desde então, parece que o senhor descobriu o fator da impotência e do desamparo humanos, ao qual geralmente se atribui o papel principal na formação das religiões, e agora o senhor transcreve em desamparo tudo aquilo que antes era complexo paterno. Posso lhe pedir esclarecimentos acerca dessa mudança?"

Com prazer; eu só estava esperando pelo convite. Se é que se trata realmente de uma mudança. Em *Totem e tabu*, eu não quis explicar a origem das religiões, mas apenas do totemismo. O senhor conseguiria explicar, a partir de qualquer um dos pontos de vista que conhece, que a primeira forma em que a divindade protetora se revelou ao homem foi a animal, que existia uma proibição de matar esse animal e comê-lo, e, no entanto, também o costume solene de matá-lo e comê-lo coletivamente uma vez por ano? É precisamente isso que ocorre no totemismo. E dificilmente seria oportuno disputar se o totemismo deve ou não ser chamado de religião. Ele possui relações estreitas com as posteriores religiões de deuses; os animais totêmicos se transformam nos animais sagrados dos deuses. E as primeiras, porém mais profundas restrições morais – as proibições do assassinato e do incesto –, surgem no solo do totemismo. Aceitando ou não as conclusões de *Totem e tabu*, espero que o senhor conceda que o livro reúne em um todo consistente alguns fatos bastante notáveis e dispersos.

Por que o deus animal não bastou por mais tempo e foi substituído pelo humano é algo que mal foi tocado em *Totem e tabu*, e outros problemas da formação das religiões absolutamente não são mencionados. O senhor julga que essa restrição é o mesmo que uma negação? Meu trabalho é um bom exemplo de isolamento rigoroso da parte que a observação psicanalítica pode fazer para solucionar o problema religioso. Se agora tento acrescentar aquilo que falta, aquilo que não está tão profundamente escondido, o senhor não deve me acusar de ser contraditório como antes me acusou de ser unilateral. Obviamente, é minha tarefa indicar os caminhos de ligação entre o que foi dito antes e o que foi apresentado agora, entre as motivações mais profundas e as manifestas, entre o complexo paterno e o desamparo e a necessidade de proteção do homem.

Não é difícil encontrar essas ligações. Elas consistem nas relações entre o desamparo da criança e o desamparo do adulto, que é continuação daquele, de modo que, como seria de se esperar, a motivação psicanalítica para a formação da religião se transforma na contribuição infantil à motivação manifesta dessa formação. Vamos nos colocar na vida psíquica da criança pequena. O senhor se recorda da escolha de objeto designada pela análise como escolha por apoio? A libido segue os caminhos das necessidades narcísicas e se fixa nos objetos que garantem sua satisfação. Desse modo, a mãe que satisfaz a fome se transforma no primeiro objeto de amor, e, certamente, também na primeira proteção contra todos os perigos indeterminados e ameaçadores do mundo exterior – na primeira proteção contra o medo, podemos dizer.

Nessa função, a mãe logo será substituída pelo pai, mais forte, que a conserva ao longo de toda a infância. A relação com o pai, porém, é acometida por uma ambivalência peculiar. Ele próprio era um perigo, talvez desde o tempo de sua relação com a mãe. Assim, ele não é menos temido quando se anseia por ele e o admira. Os sinais dessa ambivalência na relação com o pai estão profundamente gravados em todas as religiões, segundo também foi explicado em *Totem e tabu*. Quando então o adolescente percebe que está destinado a ser sempre uma criança, que jamais poderá prescindir de proteção contra poderes desconhecidos, empresta-lhes os traços da figura paterna, cria os deuses, dos quais tem medo, que procura agradar, e aos quais, no entanto, confia a sua proteção. Assim, o motivo do anseio pelo pai é idêntico à necessidade de proteção contra as consequências da impotência humana; a defesa contra o desamparo infantil empresta seus traços característicos à reação contra o desamparo que o adulto é forçado a reconhecer, reação que é precisamente a formação da religião. Contudo, não é nossa intenção prosseguir investigando o desenvolvimento da noção de Deus; temos de tratar aqui do patrimônio acabado das ideias religiosas tal como a cultura o transmite ao indivíduo.

V

Retomemos o fio da investigação: qual é, pois, o significado psicológico das ideias religiosas? Como podemos classificá-las? Não é fácil, de modo algum, responder a essa questão imediatamente. Depois de rejeitar diversas formulações, nos deteremos nesta: as ideias religiosas são proposições, são enunciados acerca de fatos e circunstâncias da realidade externa (ou interna) que comunicam algo que o indivíduo não encontrou por conta própria, e que reivindicam que se creia nelas. Visto que informam sobre aquilo que mais nos importa e mais nos interessa na vida, elas gozam de alta consideração. Quem delas nada sabe é deveras ignorante; quem as incorporou aos seus conhecimentos pode se considerar muito enriquecido.

Obviamente, há muitas dessas proposições sobre as coisas mais variadas deste mundo. Cada lição escolar está cheia delas. Tomemos a de geografia. Lá ouviremos que Constança se localiza junto ao lago de mesmo nome. Uma canção de estudantes acrescenta: "E quem não crer, que vá lá ver". Estive lá, casualmente, e posso confirmar que a bela cidade se encontra às margens de um vasto lago que todos os habitantes dos arredores chamam de Lago de Constança. Agora estou plenamente convencido da veracidade dessa afirmação geográfica. Isso me faz lembrar de uma outra experiência, bastante notável. Eu já era um homem maduro quando pisei pela primeira vez a colina da acrópole de Atenas, em meio às ruínas do templo e com vista para o mar azul. À minha felicidade se misturava um sentimento de espanto, que me sugeriu a seguinte interpretação: "Então é realmente como aprendemos na escola! Como deve ter sido débil e superficial a crença que adquiri na verdade real do que foi ouvido naquele tempo se hoje posso ficar tão espantado!" Mas não quero dar ênfase excessiva à significação dessa experiência; há ainda uma outra explicação possível para o meu espanto, que não me ocorreu na ocasião, cuja natureza é inteiramente subjetiva e está ligada à singularidade do lugar.

Todas essas proposições, portanto, reivindicam a crença em seus conteúdos, mas não sem fundamentar sua pretensão. Elas se apresentam como o resultado abreviado de um longo processo de pensamento baseado na observação e, certamente, também na dedução; e a quem tiver o intuito de refazer esse processo por conta própria, em vez de aceitar seu resultado, elas mostram o caminho. Quando a proposição não é evidente como no caso de afirmações geográficas, sempre se acrescenta também a proveniência do conhecimento que ela anuncia. Por exemplo, o conhecimento de que a Terra tem a forma de uma esfera; como provas disso, são aduzidos o experimento de Foucault com o pêndulo, o comportamento do horizonte e a possibilidade de circum-navegá-la. Visto que é impraticável, conforme reconhecem todos os interessados, enviar todos os escolares em viagens de circum-navegação, a escola se contenta em deixar que seus ensinamentos sejam aceitos de "boa-fé", sabendo, porém, que o caminho para a convicção pessoal permanece aberto.

Tentemos medir as proposições religiosas com o mesmo critério. Quando perguntamos sobre o fundamento da pretensão de que se acredite nelas, recebemos três respostas que se harmonizam notavelmente mal entre si. Em primeiro lugar, merecem crédito porque nossos ancestrais já acreditavam nelas; em segundo lugar, possuímos provas que nos foram transmitidas precisamente dessa época antiga, e, em terceiro lugar, é absolutamente proibido questionar essa comprovação. No passado, esse atrevimento era punido com os mais severos castigos, e ainda hoje a sociedade vê com desagrado que alguém o renove.

Esse terceiro ponto precisa despertar as nossas mais fortes reservas. A única motivação de semelhante proibição só pode ser o fato de que a sociedade conhece muito bem o caráter duvidoso da pretensão que reclama para suas doutrinas religiosas. Caso contrário, ela certamente colocaria o material necessário, com a maior boa vontade, à disposição de todo aquele que busca formar a sua própria convicção. Por isso, passamos ao exame dos dois outros argumentos com uma desconfiança difícil de apaziguar. Devemos acreditar porque nossos ancestrais acreditaram. Esses nossos antepassados, porém, eram muito mais ignorantes do que nós; eles acreditavam em coisas que hoje nos são impossíveis de aceitar. Manifesta-se a possibilidade de que as doutrinas religiosas também possam ser desse tipo. As provas que nos deixaram estão registradas em escritos que trazem, eles próprios, todos os sinais de serem indignos de confiança. São contraditórios, retocados e falsificados; quando relatam comprovações efetivas, eles próprios carecem de comprovação. Não ajuda muito afirmar que suas formulações, ou apenas seus conteúdos, têm origem na revelação divina, pois essa afirmação mesma já é uma parte daquelas doutrinas cuja credibilidade deve ser investigada, e nenhuma proposição pode provar a si mesma.

Chegamos assim ao estranho resultado de que precisamente as comunicações de nosso patrimônio cultural que poderiam ter para nós o maior dos significados, às quais cabe a tarefa de nos esclarecer os enigmas do mundo e nos reconciliar com os sofrimentos da vida – de que precisamente elas possuem a mais fraca comprovação. Não poderíamos nos decidir a aceitar um fato para nós tão indiferente quanto o de que as baleias parem seus filhotes em vez de colocar ovos se ele não fosse melhor demonstrável.

Esse estado de coisas é por si só um problema psicológico bastante notável. E que ninguém acredite que as observações anteriores acerca da indemonstrabilidade das doutrinas religiosas contenham algo novo. Ela foi percebida em todas as épocas, e certamente também pelos antepassados que legaram tal herança. É possível que muitos deles tenham nutrido as mesmas dúvidas que nós, porém se encontravam sob uma pressão forte demais para que ousassem expressá-las. E, desde então, um número incontável de homens se atormentou com as mesmas dúvidas, que queriam sufocar porque se julgavam obrigados a crer; muitos intelectos brilhantes sucumbiram a esse conflito; muitos caracteres sofreram danos em razão dos compromissos em que buscavam uma saída.

Se todas as provas apresentadas em favor da credibilidade das proposições religiosas provêm do passado, é natural verificar se o presente, que pode ser julgado com mais acerto, também pode oferecer tais provas. Se, dessa forma, se conseguisse colocar a salvo de dúvidas mesmo que apenas uma única parte do sistema religioso, o todo ganharia extraordinariamente em credibilidade. É aqui que entra a atividade dos espíritas, que estão persuadidos da continuidade da alma individual e que pretendem nos demonstrar que essa proposição da doutrina religiosa é isenta de dúvidas. Infelizmente, não conseguem refutar o fato de as aparições e manifestações de seus espíritos serem apenas produtos de sua própria atividade psíquica. Eles evocaram os espíritos dos maiores homens, dos mais destacados pensadores, mas todas as manifestações e notícias que deles receberam foram tão tolas, tão inconsolavelmente ocas, que não se pode acreditar em outra coisa senão na capacidade dos espíritos de se adaptarem ao círculo de pessoas que os invoca.

Agora é preciso mencionar duas tentativas que dão a impressão de um empenho obstinado em fugir ao problema. Uma delas, de natureza forçada, é antiga; a outra, sutil e moderna. A primeira é o *credo quia absurdum*[4] do padre da Igreja.

---

4. "Creio porque é absurdo." Famosa expressão atribuída a Tertuliano (c.150-c.220), teólogo romano. (N.T.)

Isso significa que as doutrinas religiosas escapam às reivindicações da razão, que estão acima dela. Deve-se perceber a sua verdade interiormente, não é preciso compreendê-las. Só que esse *credo* é interessante apenas como confissão; como imperativo, não possui qualquer obrigatoriedade. Sou obrigado a acreditar em qualquer absurdo? Em caso negativo, por que justamente nesse? Não há instância alguma acima da razão. Se a verdade das doutrinas religiosas depende de uma vivência interior que a ateste, o que fazer com as muitas pessoas que não têm semelhante vivência rara? Pode-se exigir de todos os homens que empreguem o dom da razão que possuem, mas não se pode erigir uma obrigação que seja válida para todos sobre um motivo que existe apenas para bem poucos. Se alguém obteve a convicção inabalável na verdade real das doutrinas religiosas graças a um estado extático que o impressionou profundamente, que importa isso ao outro?

A segunda tentativa é a da filosofia do "como se". Ela afirma que em nossa atividade intelectual abundam suposições cuja falta de fundamento, cujo absurdo até, reconhecemos inteiramente. São chamadas de ficções, mas, por variados motivos práticos, teríamos de nos comportar "como se" acreditássemos nelas. Tal seria o caso das doutrinas religiosas em razão de sua incomparável importância para a conservação da sociedade humana.[5] Essa argumentação não está muito longe do *credo quia absurdum*. Penso, porém, que a reivindicação do "como se" é de um tipo que só filósofos podem fazer. O

---

5. Espero não cometer nenhuma injustiça se atribuo ao filósofo do "como se" uma perspectiva que também não é alheia a outros pensadores. Cf. Hans Vaihinger (*A filosofia do como se*, 8.ed., 1922, p. 68): "Incluímos no âmbito das ficções não apenas operações teóricas, indiferentes, mas também formações conceituais que foram imaginadas pelos homens mais nobres, às quais o coração da parte mais nobre da humanidade está afeito e que esta não se deixa arrebatar. E de modo algum queremos fazer isso – como *ficção prática*, deixamos que tudo isso subsista, mas como *verdade teórica*, perece."

homem que não seja influenciado em seu pensamento pelas artes da filosofia nunca poderá aceitá-la; para ele, a questão está liquidada com a confissão de absurdo, de irracionalidade. Ele não pode ser obrigado, precisamente ao tratar de seus interesses mais importantes, a renunciar às certezas que costuma exigir em todas as suas atividades habituais. Recordo-me de um de meus filhos, que se destacou precocemente por uma insistência especial na objetividade. Quando se contava uma história às crianças, que a escutavam atentamente, ele vinha e perguntava: "Essa história é verdadeira?". Depois que se respondia que não, ele se afastava com uma cara de desdém. É de se esperar que a humanidade logo passe a se comportar da mesma maneira em relação aos contos da carochinha religiosos, a despeito da intercessão do "como se".

Atualmente, porém, ela ainda se comporta de modo bem diferente, e, em épocas passadas, apesar de sua indiscutível carência de comprovação, as ideias religiosas exerceram sobre ela a mais forte influência. Esse é um novo problema psicológico. Deve-se perguntar: em que consiste a força interna dessas doutrinas, a que circunstâncias devem sua eficácia, que é independente de reconhecimento racional?

VI

Acho que preparamos suficientemente a resposta a ambas as perguntas. Ela se apresenta quando atentamos para a gênese psíquica das ideias religiosas. Estas, que se apresentam como proposições, não são produto da experiência ou resultados finais do pensamento; são ilusões, são realizações dos desejos mais antigos, mais fortes e mais prementes da humanidade, e o segredo de sua força está na força desses desejos. Já sabemos que a apavorante impressão do desamparo infantil despertou a necessidade de proteção – proteção através do amor –, que é satisfeita pelo pai; a percepção da continuidade desse desamparo ao longo de toda a vida foi a causa de o homem se aferrar à existência de um outro pai – só que agora mais poderoso. Através da ação bondosa da Providência divina, o medo dos perigos da vida é atenuado; a instituição de uma ordem moral universal assegura o cumprimento da exigência de justiça que com tanta frequência deixou de ser cumprida na cultura humana; o prolongamento da existência terrena através de uma vida futura prepara o quadro espacial e temporal em que essas realizações de desejo devem se consumar. As respostas de questões enigmáticas para a curiosidade humana, como as da origem do mundo e da relação entre o físico e o psíquico, são elaboradas sob os pressupostos desse sistema; para a psique individual, significa um imenso alívio que os conflitos da infância que se originam do complexo paterno, nunca inteiramente superados, lhe sejam tomados e levados a uma solução aceita por todos.

Quando digo que tudo isso são ilusões, preciso delimitar o significado da palavra. Uma ilusão não é o mesmo que um erro, e ela também não é necessariamente um erro. A opinião de Aristóteles de que os insetos se desenvolvem a partir de restos, sustentada ainda hoje pelo povo ignorante, era um erro, e, do mesmo modo, a opinião de uma geração anterior de médicos de que a *tabes dorsalis*[6] era consequência de excessos sexuais. Seria abusivo chamar esses erros de ilusões. Em contrapartida, foi uma ilusão de Colombo achar que tinha descoberto um novo caminho marítimo para as Índias. A parcela de seu desejo nesse erro é bem evidente. Pode-se chamar de ilusão a afirmação feita por certos nacionalistas de que os indo-germânicos são a única raça humana capaz de cultura, ou a crença, que apenas a psicanálise destruiu, de que a criança é um ser sem sexualidade. É característico da ilusão o fato de derivar de desejos humanos; nesse aspecto, ela se aproxima da ideia delirante psiquiátrica, mas, abstraindo da complicada construção desta, também dela se diferencia. Destacamos como essencial na ideia delirante a contradição com a realidade; a ilusão não precisa ser necessariamente falsa, quer dizer, ser irrealizável ou estar em contradição com a realidade. Uma mocinha plebeia, por exemplo, pode ter a ilusão de que um príncipe virá buscá-la. É algo possível; já aconteceram alguns casos desse tipo. Que o Messias venha e funde uma Idade de Ouro é muito menos provável; conforme a posição pessoal daquele que a julga, ele classificará essa crença como ilusão ou como análoga a uma ideia delirante. Exemplos de ilusões que tenham se mostrado verdadeiras não são fáceis de achar. Porém, a ilusão dos alquimistas de poder transformar todos os metais em ouro poderia ser uma dessas. O desejo de possuir muito ouro, tanto ouro quanto possível, se encontra muito arrefecido por nossa compreensão atual das condições da riqueza, mas a química não

---

6. A tabes dorsal (em latim no texto alemão) é um problema de coordenação motora provocado por uma alteração degenerativa da medula espinhal, geralmente causada pela sífilis. (N.T.)

julga mais impossível uma transformação dos metais em ouro. Portanto, chamamos uma crença de ilusão quando se destaca em sua motivação o cumprimento de desejo, ao mesmo tempo em que não levamos em conta seu vínculo com a realidade, exatamente do mesmo modo que a própria ilusão renuncia a suas comprovações.

Se, depois de nos orientarmos, nos voltarmos outra vez às doutrinas religiosas, podemos repetir: todas são ilusões, são indemonstráveis, e ninguém pode ser obrigado a tomá-las por verdadeiras, a acreditar nelas. Algumas são tão inverossímeis, se encontram de tal modo em contradição com tudo o que descobrimos arduamente sobre a realidade do mundo, que podem ser comparadas – considerando devidamente as diferenças psicológicas – às ideias delirantes. É impossível julgar o valor de realidade da maior parte delas. Assim como são indemonstráveis, também são irrefutáveis. Ainda sabemos muito pouco para nos aproximarmos delas criticamente. Os enigmas do mundo se desvelam à nossa investigação apenas lentamente; há muitas perguntas que a ciência ainda não pode responder. O trabalho científico, porém, é para nós o único caminho que pode levar ao conhecimento da realidade fora de nós. Por outro lado, é apenas ilusão esperar alguma coisa da intuição e da meditação; elas nada podem nos dar senão informações – difíceis de interpretar – acerca de nossa própria vida psíquica, jamais acerca das perguntas cujas respostas são tão fáceis para as doutrinas religiosas. Introduzir o próprio arbítrio nas lacunas e, conforme opiniões pessoais, declarar esta ou aquela parte do sistema religioso mais ou menos aceitável seria sacrílego. Tais perguntas são importantes demais para tanto; poderíamos dizer: sagradas demais.

Neste ponto, pode-se estar preparado para a seguinte objeção: "Bem, se até os céticos encarniçados admitem que as asserções da religião não podem ser refutadas pelo entendimento, por que não devo acreditar nelas, visto que possuem tanto a seu favor – a tradição, a concordância das pessoas e tudo o que há de consolador em seu conteúdo?". Sim, por que não? Da mesma forma que ninguém pode ser forçado a crer, ninguém pode ser forçado a não crer. Mas que ninguém se compraza no autoengano de que com tais justificativas está seguindo os caminhos do pensamento correto. Se a condenação de "desculpa esfarrapada" cabe em algum lugar, então é aqui. Ignorância é ignorância; dela não deriva nenhum direito de acreditar em algo. Nenhum homem racional se comportará tão levianamente em outros assuntos nem se contentará com fundamentações tão miseráveis para seus juízos, para sua tomada de partido; ele se permite isso apenas em relação às coisas mais elevadas e mais sagradas. Na verdade, são apenas esforços para criar a ilusão, diante de si mesmo ou dos outros, de que ainda se acredita na religião quando há muito já se está desligado dela. Quando se trata de questões de religião, as pessoas se tornam culpadas de todo tipo de insinceridade e maus hábitos intelectuais. Há filósofos que expandem o sentido das palavras até que estas mal conservem algo de seu sentido original; chamam de "Deus" qualquer abstração nebulosa que criaram e então são deístas, crentes em Deus, diante de todo mundo; podem até se vangloriar por terem descoberto um conceito de deus mais puro, mais elevado, embora o seu deus seja apenas uma sombra sem substância e não mais a personalidade poderosa das doutrinas religiosas. Há críticos que insistem em declarar que uma pessoa que reconhece o sentimento da pequenez e da impotência humanas diante do todo do mundo é "profundamente religiosa", embora não seja esse sentimento o que constitua a essência da religiosidade, mas apenas o passo seguinte, a reação a esse sentimento, a busca de auxílio contra ele. Quem não vai adiante, quem se conforma humildemente com o papel insignificante do homem na vastidão do mundo, é antes irreligioso no mais verdadeiro sentido da palavra.

Não está nos planos desta investigação posicionar-se quanto ao valor de verdade das doutrinas religiosas. Basta que as tenhamos reconhecido em sua natureza psicológica como ilusões. Não precisamos ocultar, porém, que essa descoberta também influencia imensamente nossa atitude quanto à questão que para muitos deve parecer a mais importante. Sabemos aproximadamente em que épocas e por quais homens as doutrinas religiosas foram criadas. Se também soubermos os motivos pelos quais isso aconteceu, nosso ponto de vista em relação ao problema religioso sofrerá um sensível deslocamento. Dizemos a nós próprios que seria realmente muito bonito se houvesse um Deus, criador do mundo e Providência bondosa, se houvesse uma ordem moral universal e uma vida no além, mas é muito estranho que tudo isso seja da maneira como temos de desejar que seja. E seria ainda mais esquisito se nossos antepassados, pobres, ignorantes e sem liberdade, tivessem encontrado a solução de todos esses difíceis enigmas do mundo.

VII

AO RECONHECERMOS AS doutrinas religiosas como ilusões, coloca-se de imediato uma outra pergunta, a de saber se outros bens culturais, que respeitamos e que permitimos que controlem nossa vida, não teriam natureza semelhante. Os pressupostos que regulam nossas instituições estatais não teriam de ser chamados igualmente de ilusões? As relações entre os sexos em nossa cultura não seriam turvadas por uma ilusão erótica ou por uma série delas? Uma vez despertada nossa desconfiança, também não recuaremos diante da questão de saber se possui melhores fundamentos a nossa convicção de que podemos descobrir algo da realidade exterior por meio do emprego da observação e do pensamento no trabalho científico. Nada deve nos impedir de aprovar que a observação se volte sobre o nosso próprio ser e que o pensamento seja aplicado em sua própria crítica. Abre-se aqui uma série de investigações, cujo resultado teria de ser decisivo para a construção de uma "visão de mundo". Também pressentimos que semelhante esforço não será em vão e que justificará nossa suspeita ao menos parcialmente. A capacidade do autor, porém, se recusa a uma tarefa tão vasta, e ele se vê forçado a limitar seu trabalho à observação de uma única dessas ilusões, precisamente a religiosa.

Em alta voz, nosso adversário exige que paremos. Somos cobrados pela nossa conduta ilícita. Ele nos diz:

"Interesses arqueológicos são muito louváveis, mas não se fazem escavações se estas minarem as residências dos vivos levando-as a desmoronar e soterrar as pessoas debaixo de seus escombros. As doutrinas religiosas não são um assunto sobre o qual se possa sutilizar como sobre qualquer outro.

Nossa cultura está construída sobre elas; a conservação da sociedade humana tem como pressuposto que a maioria dos homens acredite na verdade dessas doutrinas. Se lhes for ensinado que não existe um Deus onipotente e absolutamente justo, nenhum ordenamento divino do mundo e nenhuma vida futura, eles se sentirão livres de toda obrigação de obedecer aos preceitos culturais. Todos obedecerão sem peias e sem medos a seus impulsos associais e egoístas, procurarão exercer seu poder, e recomeçará o caos que banimos através de um trabalho cultural milenar. Mesmo que soubéssemos e pudéssemos provar que a religião não está na posse da verdade, deveríamos silenciar sobre isso e nos comportar segundo exige a filosofia do 'como se'. No interesse da conservação de todos! E sem considerar a periculosidade da empresa, trata-se também de uma crueldade inútil. Um número incontável de pessoas encontra seu único consolo nas doutrinas da religião; somente com seu auxílio podem suportar a vida. Quer-se privá-las desse apoio e não se tem nada melhor para lhes dar em troca. Admitiu-se que a ciência não consegue fazer muita coisa atualmente, mas mesmo que estivesse muito mais avançada, não bastaria ao homem. Ele ainda tem outras necessidades imperativas que nunca poderão ser satisfeitas através da fria ciência, e é muito estranho, decididamente o cúmulo da inconsequência, que um psicólogo que sempre acentuou o quanto na vida do homem a inteligência cede lugar à vida impulsional agora se esforce em tirar dele uma preciosa satisfação de desejo e, em troca, pretenda indenizá-lo com alimento intelectual."

Quantas acusações de uma só vez! Estou preparado, porém, para contestar a todas, e defenderei, além disso, a tese de que conservar a atual relação com a religião significa um perigo maior para a cultura do que dar-lhe um fim. Mal sei, no entanto, por onde devo começar minha réplica.

Talvez com a asseveração de que eu próprio considero minha empresa inteiramente inócua e inofensiva. Desta vez, a sobrevalorização do intelecto não está do meu lado. Se os homens são conforme meus adversários os descrevem – e não posso contradizer isso –, então não há perigo algum de que um devoto, vencido pelos meus argumentos, se deixe privar de sua fé. Além disso, nada afirmei que outros homens, melhores que eu, não tenham dito de forma mais completa, enérgica e impressiva antes de mim. Seus nomes são conhecidos; não vou mencioná-los, pois não quero despertar a impressão de que pretendo me colocar entre eles. Apenas acrescentei – essa é a única novidade no que expus – alguma fundamentação psicológica à crítica de meus grandes predecessores. É muito improvável que justamente esse acréscimo acabe produzindo o efeito negado às exposições anteriores. Todavia, alguém poderia me perguntar para que escrever essas coisas quando se está certo de sua ineficácia. Mas voltaremos a isso mais tarde.

O único a quem esta publicação pode trazer prejuízos sou eu próprio. Ouvirei as mais indelicadas censuras de superficialidade, de estreiteza de ideias, de falta de idealismo e de falta de compreensão dos interesses mais elevados da humanidade. Por um lado, contudo, essas repreensões não são novas para mim, e, por outro, quando alguém, já em sua juventude, se colocou acima do descontentamento de seus contemporâneos, que mal lhe pode fazer isso na velhice, quando está certo de ser logo afastado de toda aprovação e desaprovação? Em épocas passadas era diferente; declarações assim faziam com que alguém merecesse uma abreviação certa de sua existência terrena e um bom apressamento da ocasião de fazer suas próprias experiências acerca da vida no além. Repito, porém, que esses tempos passaram, e hoje essas escrevinhações são inócuas também para o autor. Quando muito, seu livro não poderá ser traduzido e divulgado neste ou naquele país. Precisamente, é óbvio, em países que se sentem seguros de seu alto nível cultural. Porém, quando se defende a renúncia ao desejo e a resignação ao destino, também é preciso ser capaz de suportar esses danos.

Surge-me então a questão de saber se a publicação deste escrito não poderia, contudo, ser funesta para alguém. Não para uma pessoa, mas para uma causa, a causa da psicanálise. Não se pode negar que é criação minha, e as pessoas demonstraram abundante desconfiança e má vontade em relação a ela; se agora apareço com declarações tão desagradáveis, logo alguém estará disposto a passar da minha pessoa para a psicanálise. "Agora se vê", dirão, "aonde a psicanálise leva. A máscara caiu; leva à negação de Deus e do ideal moral, como já suspeitávamos desde sempre. Para nos impedir essa descoberta, fomos ludibriados com a afirmação de que a psicanálise não possui visão de mundo e não seria capaz de formar uma."

Esse barulho será de fato desagradável para mim em razão de meus numerosos colaboradores, muitos dos quais absolutamente não partilham minha posição quanto aos problemas religiosos. Mas a psicanálise já resistiu a muitas tempestades, e é preciso expô-la também a esta. Na realidade, a psicanálise é um método de investigação, um instrumento neutro, mais ou menos como o cálculo infinitesimal. Se com a ajuda deste um físico descobrisse que a Terra será destruída depois de algum tempo, certamente se hesitaria em atribuir tendências destrutivas ao próprio cálculo e bani-lo por isso. Tudo o que afirmei contra o valor de verdade das religiões não necessitava da psicanálise; foi dito por outros muito antes de sua existência. Caso se possa obter um novo argumento contra o conteúdo de verdade da religião com o emprego do método psicanalítico, *tant pis*[7] para a religião, embora, com o mesmo direito, seus

---

7. Tanto pior, azar. Em francês no original. (N.T.)

defensores venham a se servir da psicanálise para reconhecer plenamente a significação afetiva das doutrinas religiosas.

Bem, para continuar a minha defesa: a religião evidentemente prestou grandes serviços à cultura humana e contribuiu muito para a domesticação dos impulsos associais, embora não o bastante. Ela dominou a sociedade humana por muitos milênios; teve tempo para mostrar do que é capaz. Caso tivesse sido bem-sucedida em tornar a maioria dos homens felizes, consolá-los, reconciliá-los com a vida e transformá-los em defensores da cultura, a ninguém ocorreria aspirar a uma modificação das condições existentes. O que vemos em vez disso? Que um número assustadoramente grande de homens está insatisfeito com a cultura e infeliz nela, sentindo-a como um jugo do qual é preciso se livrar, que esses homens ou investem todas as forças em uma modificação dessa cultura, ou vão tão longe em sua hostilidade a ela que não querem saber absolutamente nada de cultura e de restrições aos impulsos. Neste ponto nos objetarão que esse estado resulta justamente do fato de que a religião perdeu uma parte de sua influência sobre as massas humanas, precisamente em decorrência do lastimável efeito dos avanços científicos. Tomemos nota dessa concessão e de seu motivo, e os utilizemos mais tarde para nossos propósitos; a objeção em si, porém, carece de força.

É duvidoso que na época do domínio absoluto das doutrinas religiosas os homens tenham sido em geral mais felizes que hoje; mais morais certamente não eram. Eles sempre souberam aparentar que seguiam os preceitos religiosos, frustrando assim o propósito destes. Os sacerdotes, que tinham de zelar pela obediência à religião, eram transigentes com eles. A bondade de Deus tinha de impedir Sua justiça: pecava-se, e então se trazia sacrifício ou se cumpria penitência, e então se estava livre para pecar outra vez. A profundeza de espírito russa se elevou à conclusão de que o pecado é imprescindível para gozar todas as bem-aventuranças da graça divina; no fundo, portanto, uma obra agradável a Deus. É notório que os sacerdotes apenas puderam conservar a submissão das massas à religião na medida em que fizeram essas grandes concessões à natureza impulsional do homem. Ficou-se nisso: apenas Deus é forte e bom, mas o homem é fraco e pecador. Em todas as épocas, a imoralidade não encontrou menos apoio na religião do que a moralidade. Se as realizações da religião quanto à felicidade do homem, à sua capacidade para a cultura e à sua limitação moral não são melhores, cabe perguntar se não superestimamos sua necessidade para o homem e se agimos sabiamente ao fundar nela nossas exigências culturais.

Considere-se a inequívoca situação atual. Ouvimos a concessão de que a religião não tem mais a mesma influência de antigamente sobre os homens. (Trata-se aqui da cultura cristã-europeia.) E isso não porque suas promessas se tornaram menores, mas porque parecem aos homens menos dignas de fé. Admitamos que a razão dessa mudança seja o fortalecimento do espírito científico nas camadas superiores da sociedade humana. (Talvez não seja a única.) A crítica corroeu a força probatória dos documentos religiosos; as ciências da natureza apontaram os erros que estes continham; chamou a atenção da pesquisa comparada a semelhança desagradável entre as ideias religiosas que veneramos e as produções espirituais de povos e de épocas primitivos.

O espírito científico gera uma maneira determinada de nos colocarmos diante das coisas deste mundo; frente aos assuntos religiosos, ele se detém por um momento, hesita, e por fim também atravessa seu limiar. Nesse processo não há interrupções; quanto mais pessoas têm acesso aos patrimônios do nosso saber, tanto mais se difunde a renegação das crenças religiosas, primeiramente apenas de suas vestes antiquadas e chocantes, mas depois também de seus pressupostos fundamentais. Os americanos que instauraram o "processo do macaco" em Dayton[8] foram os únicos a se mostrar consequentes. Normalmente, a transição inevitável se consuma com meias medidas e insinceridades.

A cultura tem pouco a temer das pessoas instruídas e dos trabalhadores intelectuais. Entre eles, a substituição dos motivos religiosos do comportamento cultural por outros, seculares, ocorreria sem alarde; além disso, em sua maior parte, eles próprios são defensores da cultura. As coisas são diferentes com a grande massa de pessoas não instruídas, oprimidas, que têm todas as razões para serem inimigas da cultura. Enquanto não souberem que não se acredita mais em Deus, tudo bem. Mas elas o saberão, sem falta, mesmo que este meu escrito não seja publicado. E elas estão prontas a aceitar os resultados do pensamento científico, sem que tenha ocorrido nelas a modificação que esse pensamento produz no homem. Não existe aí o perigo de que a hostilidade dessas massas à cultura se lance sobre o ponto fraco que descobriram em sua subjugadora? Se não se deve matar o próximo apenas porque o bom Deus proíbe e porque castigará severamente nesta ou na outra vida, e se então se ficar sabendo que não há nenhum bom Deus, que não é preciso temer sua punição, certamente se matará o próximo sem pensar, e apenas por meio da força terrena se poderá ser impedido de fazê-lo. Portanto: ou a mais severa opressão dessas massas perigosas, o mais cuidadoso bloqueio de todas as oportunidades de despertar intelectual, ou a revisão radical das relações entre cultura e religião.

---

8. Freud alude ao processo instaurado em 1925 no Tennessee contra o professor John Scopes, acusado de ensinar a teoria da evolução a seus alunos, algo proibido no referido estado. (N.T.)

VIII

É DE SE ACREDITAR que a execução dessa última proposta não encontre dificuldades especiais em seu caminho. É verdade que então se renuncia a algo, mas talvez se ganhe mais e se evite um grande perigo. Receia-se isso, porém, como se assim a cultura fosse exposta a um perigo ainda maior. Quando São Bonifácio derrubou a árvore venerada pelos saxões, os presentes esperavam um acontecimento terrível em consequência do sacrilégio. Nada aconteceu, e os saxões aceitaram o batismo.

Se a cultura estabeleceu o mandamento de não matar o próximo a quem se odeia, que estorva ou cujas posses se cobiça, é evidente que isso ocorreu no interesse da convivência humana, que, caso contrário, seria impossível. Pois o assassino atrairia sobre si a vingança dos parentes do morto e a inveja surda dos demais, que percebem em si próprios a mesma inclinação a tais atos de violência. Assim, ele não gozaria por muito tempo sua vingança ou seu roubo, mas com grande probabilidade também seria logo assassinado. Mesmo que se protegesse do adversário individual por meio de uma força e de uma precaução extraordinárias, acabaria sendo derrotado por uma associação de homens mais fracos. Caso não se formasse tal associação, os assassinatos continuariam interminavelmente até que os homens tivessem se exterminado uns aos outros. A situação entre indivíduos seria a mesma que ainda persiste na Córsega entre famílias, mas normalmente apenas entre nações. Os riscos da insegurança da vida, que são iguais para todos, unem os homens em uma sociedade que proíbe o indivíduo de matar e se reserva o direito de assassinar coletivamente aquele que transgride a proibição. É isso, então, que constitui justiça e castigo.

Não comunicamos, porém, essa fundamentação racional da proibição de matar, mas afirmamos que tal proibição foi decretada por Deus. Atrevemo-nos, assim, a adivinhar Seus propósitos e descobrimos que também Ele não quer que os homens se exterminem mutuamente. Ao procedermos assim, revestimos a proibição cultural com uma solenidade toda especial, mas arriscamos tornar sua obediência dependente da fé em Deus. Se voltarmos atrás, se não mais atribuirmos nossa vontade a Deus e nos contentarmos com a fundamentação social, sem dúvida teremos renunciado a essa transfiguração da proibição cultural, mas também teremos evitado as ameaças a ela. Ganhamos, porém, algo mais. Por meio de uma espécie de difusão ou de infecção, o caráter sacro, inviolável, transcendental, poderíamos dizer, se alastrou de algumas poucas proibições importantes para todas as demais instituições, leis e prescrições culturais. A auréola, contudo, quase sempre lhes cai mal; não só porque se depreciam umas às outras ao tomarem decisões opostas conforme a época e o lugar, mas também porque costumam exibir todos os sinais da insuficiência humana. É fácil reconhecer nelas o que apenas pode ser o produto de uma pusilanimidade míope, a expressão de interesses mesquinhos ou a consequência de pressupostos insuficientes. A crítica que se precisa fazer a elas também diminui em medida indesejada o respeito por outras exigências culturais, mais bem justificadas. Visto que é uma tarefa melindrosa distinguir entre aquilo que o próprio Deus exigiu e aquilo que deriva antes da autoridade de um parlamento plenipotenciário ou de um alto magistrado, seria uma vantagem indubitável deixar Deus completamente fora do jogo e reconhecer de forma honesta a origem puramente humana de todas as instituições e preceitos culturais. Além da pretendida santidade, também cairiam por terra a rigidez e a imutabilidade desses mandamentos e leis. Os homens poderiam compreender que estes foram criados não tanto para dominá-los, mas antes para servir a seus interesses; conseguiriam ter uma relação mais amistosa com eles e, em vez da sua abolição, almejariam apenas seu melhoramento. Esse seria um avanço importante no caminho que leva à reconciliação com o fardo da cultura.

Neste ponto, porém, nossa defesa de uma fundamentação puramente racional dos preceitos culturais, ou seja, de sua derivação a partir da necessidade social, é subitamente interrompida por um escrúpulo. Escolhemos como exemplo a origem da proibição de matar. Nossa descrição dela corresponde à verdade histórica? Receamos que não; parece que apresentamos apenas uma construção racionalista. Com o auxílio da psicanálise, estudamos precisamente essa parte da história da cultura humana, e apoiados nesse esforço precisamos dizer que, na realidade, as coisas foram diferentes. Mesmo para o homem atual, motivos puramente racionais contam muito pouco quando comparados a ímpetos passionais; quanto mais impotentes eles não devem ter sido naquele animal humano dos tempos primitivos! Talvez seus descendentes ainda hoje se matassem uns aos outros desenfreadamente se, entre os assassinatos daquela época, não houvesse ocorrido um, o do pai primitivo, que tivesse provocado uma séria e irresistível reação de sentimentos. É dela que provém o mandamento "Não matarás", que no totemismo era limitado ao substituto do pai, posteriormente foi estendido a todos os seres humanos e mesmo hoje não é cumprido sem exceções.

Esse pai primitivo, porém, conforme explicações que não preciso repetir, foi o exemplo, o modelo segundo o qual gerações posteriores formaram a figura de Deus. Assim, a exposição religiosa é correta: Deus realmente tomou parte na origem dessa proibição; foi sua influência que a criou, e não a compreensão de uma necessidade social. E o deslocamento da vontade humana a Deus está plenamente justificado; os homens sabiam que tinham eliminado o pai de maneira violenta e, na reação ao crime que cometeram, se propuseram a respeitar sua vontade a partir de então. Assim, a doutrina religiosa nos comunica a verdade histórica, embora com certa deformação e disfarce; nossa exposição racional a desmente.

Observamos agora que o patrimônio de ideias religiosas não inclui apenas realizações de desejo, mas também reminiscências históricas significativas. Essa ação conjunta de passado e futuro – que incomparável plenitude de poder não deve outorgar à religião! Porém, com a ajuda de uma analogia, talvez tenhamos acesso a uma outra compreensão. Não é bom deslocar conceitos para longe do solo em que cresceram, mas temos de dar expressão a uma concordância. Sabemos que a criança não consegue realizar bem o seu desenvolvimento rumo à cultura sem passar por uma fase de neurose, ora mais, ora menos perceptível. Isso resulta do fato de a criança não conseguir reprimir através do trabalho racional do intelecto muitas das exigências, inúteis para a vida posterior, feitas pelos impulsos, mas precisar dominá-las através de atos de recalcamento, atrás dos quais normalmente se encontra um motivo de medo. A maioria dessas neuroses infantis é superada espontaneamente ao longo do crescimento; esse é o destino, em especial, das neuroses obsessivas da infância. Quanto às restantes, deverão ser eliminadas mais tarde com o tratamento psicanalítico. De modo muito parecido, se poderia supor que em seu desenvolvimento secular a humanidade como um todo caiu em estados análogos às neuroses, e sem dúvida pelas mesmas razões: porque nas suas épocas de ignorância e fraqueza intelectual ela apenas conseguiu fazer as renúncias impulsionais imprescindíveis à convivência humana mediante forças puramente afetivas. Processos semelhantes ao recalcamento, ocorridos nos tempos primitivos, deixaram sedimentos que por longo tempo ainda permaneceram aderidos à cultura. A religião seria a neurose obsessiva universal da humanidade e, tal como a da criança, teria sua origem no complexo de Édipo, na relação com o pai. De acordo com essa concepção, seria possível prever que o abandono da religião terá de se consumar com a mesma inexorabilidade fatal de um processo de crescimento, e que nos encontramos nessa fase de desenvolvimento precisamente agora.

Nossa atitude, então, teria de se orientar segundo o exemplo de um educador compreensivo, que não se opõe a uma reorganização iminente, mas que procura estimulá-la e conter a impetuosidade de sua irrupção. A natureza da religião, contudo, não se esgota com essa analogia. Se, por um lado, a religião produz restrições obsessivas apenas comparáveis às da neurose obsessiva individual, por outro, ela contém um sistema de ilusões de desejo com recusa da realidade como apenas encontramos isolado na amência, uma confusão alucinatória radiante. Mas isso são apenas comparações com que nos esforçamos em compreender um fenômeno social; a patologia do indivíduo não nos oferece nenhum equivalente completo.

Foi assinalado repetidas vezes (por mim e especialmente por Theodor Reik) até que grau de detalhe pode ser levada a analogia entre a religião e a neurose obsessiva, o quanto pode ser compreendido por essa via acerca das particularidades e dos destinos da formação da religião. Harmoniza-se bem com isso o fato de o crente estar protegido em alto grau do perigo de certas doenças neuróticas; a aceitação da neurose universal o dispensa da tarefa de desenvolver uma neurose pessoal.

O conhecimento do valor histórico de certas doutrinas religiosas aumenta nosso respeito por elas, mas não invalida nossa proposta de excluí-las da motivação dos preceitos culturais. Pelo contrário! Com ajuda desses restos históricos, chegamos à concepção de que as proposições religiosas são como que relictos neuróticos, e agora podemos dizer que provavelmente está na hora, tal como no tratamento analítico do neurótico, de substituir os resultados do recalcamento pelos do trabalho racional do intelecto. É de se prever, mas dificilmente poderá ser lamentado, que essa reelaboração não se detenha na renúncia à transfiguração solene dos preceitos culturais, e que uma revisão geral destes implicará a abolição de muitos deles. Por essa via, a tarefa a nós colocada de reconciliar os homens com a cultura será amplamente cumprida. Não precisamos lamentar a renúncia à verdade histórica quando a substituímos por motivações racionais para os preceitos culturais. As verdades contidas nas doutrinas religiosas estão de tal maneira deformadas e sistematicamente disfarçadas que a massa dos seres humanos não pode reconhecê-las como verdades. Ocorre algo semelhante quando contamos à criança que a cegonha traz os recém-nascidos. Também nesse caso, dizemos a verdade sob um disfarce simbólico, pois sabemos o que a grande ave significa. Mas a criança não sabe; ela percebe apenas a parte desfigurada, julga-se enganada e sabemos com que frequência sua desconfiança dos adultos e sua desobediência se ligam precisamente a essa impressão. Chegamos à convicção de que é melhor se abster de comunicar semelhantes encobrimentos simbólicos da verdade e não recusar à criança o conhecimento da situação real, adequando-o ao nível do seu intelecto.

IX

"O SENHOR SE PERMITE contradições difíceis de conciliar entre si. Primeiro afirma que um escrito como o seu é completamente inofensivo. Ninguém se deixará privar de sua fé religiosa através de semelhantes discussões. Visto, porém, que é a sua intenção abalar essa fé, como se descobre depois, pode-se perguntar: por que, afinal, o senhor o publicará? Em outro trecho, contudo, o senhor admite que as coisas podem se tornar perigosas, inclusive muito perigosas, se alguém souber que não se acredita mais em Deus. Até então a pessoa era submissa, e agora ela despreza a obediência aos preceitos culturais. Todo o seu argumento de que a motivação religiosa dos mandamentos culturais significa um perigo para a cultura repousa, afinal, sobre a suposição de que o crente pode ser transformado em descrente, o que é uma contradição total.

"Outra contradição surge quando o senhor admite, por um lado, que o homem não pode ser guiado pela inteligência, que é dominado por suas paixões e pelas exigências de seus impulsos, mas, por outro lado, o senhor propõe que as bases afetivas da obediência do homem à cultura sejam substituídas por bases racionais. Entenda isso quem puder. Parece-me que é uma coisa ou outra.

"Além disso, o senhor nada aprendeu da história? Essa tentativa de substituir a religião pela razão já foi feita uma vez, oficialmente e em grande estilo. O senhor se recorda da Revolução Francesa e de Robespierre, certo? Mas também do quanto o experimento foi efêmero e do seu lastimável malogro. Esse experimento está sendo repetido agora na Rússia, e não precisamos ficar curiosos quanto ao resultado. O senhor não acha que podemos aceitar o fato de que o homem não pode viver sem religião?

"O senhor mesmo disse que a religião é mais do que uma neurose obsessiva. Não tratou, porém, desse outro lado dela. Para o senhor, basta fazer a analogia com a neurose. E, de uma neurose, os homens precisam ser libertados. O que se perde junto com isso não o preocupa."

É provável que tenham surgido contradições aparentes porque tratei de coisas complicadas com muita pressa. Podemos consertar isso um pouco. Continuo sustentando que, em um aspecto, meu escrito é completamente inofensivo. Nenhum crente deixará sua fé vacilar em razão desses ou de argumentos semelhantes. Um crente possui determinadas ligações ternas com os conteúdos da religião. Há certamente um número incontável de outros que não são crentes no mesmo sentido. Obedecem aos preceitos culturais porque se deixam intimidar pelas ameaças da religião, temendo-a na medida em que são obrigados a considerá-la como uma parte da realidade que os restringe. Esses são os que rompem com ela tão logo possam renunciar à crença em seu valor de realidade, mas também nisso os argumentos não têm qualquer influência. Eles deixam de temer a religião quando percebem que outros também não a temem, e foi acerca deles que afirmei que ficarão sabendo do declínio da influência religiosa mesmo que eu não publique o meu escrito.

Acho, porém, que o senhor mesmo dá mais importância à outra contradição de que me acusa. Os homens são muito pouco acessíveis a motivos racionais e inteiramente dominados pelos seus desejos impulsionais. Por que, então, privá-los de uma satisfação dos impulsos e pretender substituí-la por motivos racionais? Os homens são assim, sem dúvida; mas o senhor já se perguntou se eles têm de ser assim, se é a sua natureza mais íntima que os força a isso? Pode o antropólogo fornecer o índice craniano de um povo que tem o costume de deformar as cabecinhas de suas crianças desde cedo por meio de bandagens? Pense no contraste desolador entre a inteligência radiante de uma criança saudável e a debilidade intelectual do adulto médio. Não seria possível que precisamente a educação religiosa seja culpada por boa parte dessa atrofia relativa? Acho que demoraria muito tempo até que uma criança não influenciada começasse a ter pensamentos sobre Deus e sobre coisas do outro mundo. Esses pensamentos talvez seguissem os mesmos caminhos que em seus antepassados; porém, não se espera por esse desenvolvimento, mas se apresentam as doutrinas religiosas a ela em um momento em que não lhe interessam e em que não tem capacidade para compreender o seu alcance. Retardamento do desenvolvimento sexual e antecipação da influência religiosa – esses são os dois pontos principais no programa da pedagogia atual, não é verdade? De forma que, quando o pensamento da criança desperta, as doutrinas religiosas já se tornaram inatacáveis. Acaso o senhor acha que seja muito proveitoso para o fortalecimento da função do pensamento um campo tão significativo ser bloqueado pela ameaça dos castigos do Inferno? Não precisamos nos espantar muito acerca da debilidade intelectual de quem uma vez tenha se obrigado a aceitar todos os absurdos que as doutrinas religiosas lhe apresentaram, sem crítica e mesmo sem observar as contradições entre elas. Bem, mas não temos outro meio para dominar nossos impulsos senão a nossa inteligência. Como se pode esperar que pessoas que se encontram dominadas por proibições de pensar alcancem o ideal psicológico, o primado da inteligência? O senhor também sabe que em geral se atribui às mulheres a chamada "imbecilidade fisiológica", quer dizer, uma inteligência inferior à do homem. A questão em si é controversa, e sua interpretação é duvidosa, mas um argumento a favor da natureza secundária dessa atrofia intelectual diz que as mulheres padecem sob o rigor da proibição precoce de voltar seu pensamento para aquilo que mais as teria interessado, a saber, os problemas da vida sexual. Enquanto os primeiros anos de vida do ser humano forem influenciados não só pelo impedimento de pensar sobre a sexualidade, mas também pelo impedimento de pensar sobre a religião e, derivado deste, o de pensar sobre a lealdade à monarquia, realmente não poderemos dizer como esse ser é de fato.

Mas quero moderar minha veemência e admitir a possibilidade de que também eu persigo uma ilusão. Talvez o efeito da proibição religiosa de pensar não seja assim tão grave quanto suponho; talvez se descubra que a natureza humana não muda, mesmo que não se abuse da educação para obter a sujeição religiosa. Isso eu não sei, e o senhor também não pode sabê-lo. Não apenas os grandes problemas desta vida parecem insolúveis por enquanto, mas também muitas questões menores são difíceis de decidir. Admita, porém, que temos direito a uma esperança futura, que talvez haja um tesouro a desenterrar que venha a enriquecer a cultura, de que vale a pena empreender a tentativa de uma educação irreligiosa. Caso não seja satisfatória, estou pronto a desistir da reforma e voltar ao juízo anterior, puramente descritivo: o homem é um ser de inteligência débil, dominado pelos seus desejos impulsionais.

Em outro ponto, concordo sem reservas com o senhor. É um começo insensato, sem dúvida, querer eliminar a religião violentamente e de um só golpe. Sobretudo porque isso não oferece perspectivas de êxito. O crente não se deixará privar de sua crença – não à força de argumentos e não à força de proibições. Caso se conseguisse isso com alguns, seria uma crueldade. Quem tomou soníferos por décadas obviamente não poderá dormir quando privado do remédio. Que seja lícito comparar o efeito das consolações religiosas ao de um narcótico é algo que um acontecimento nos Estados Unidos ilustra muito bem. Lá querem agora – manifestamente sob a influência do domínio feminino – privar as pessoas de todos os narcóticos, estimulantes e entorpecentes, e, em compensação, saciá-las com o temor a Deus. Esse também é um experimento sobre cujo resultado não é preciso ficar curioso.

Contradigo-o, portanto, quando o senhor conclui que o homem absolutamente não pode prescindir do consolo da ilusão religiosa, que sem ela não lhe seria possível suportar o peso da vida, a cruel realidade. De fato, não o homem a quem o senhor tenha instilado o doce – ou agridoce – veneno desde a infância. Mas e aquele que for criado sóbrio? Talvez aquele que não sofra da neurose também não precise de nenhuma intoxicação para anestesiá-la. O homem certamente se encontrará então em uma situação difícil: terá de reconhecer todo o seu desamparo, sua insignificância no mecanismo do mundo, não será mais o centro da criação e o objeto do cuidado terno de uma Providência bondosa. Ele estará na mesma situação da criança que deixou a casa paterna, tão aquecida e confortável. Mas não é verdade que o destino do infantilismo é ser superado? O homem não pode permanecer criança para sempre; ele precisa sair finalmente para a "vida hostil". Pode-se chamar isso de "educação para a realidade"; ainda preciso lhe dizer que a única intenção deste meu escrito é chamar a atenção para a necessidade desse avanço?

O senhor provavelmente teme que o homem não resista à dura prova. Bem, deixe-nos, em todo caso, ter esperanças. Já é alguma coisa quando alguém sabe que depende de suas próprias forças. Aprende-se, então, a usá-las corretamente. O homem não se encontra inteiramente sem ajuda; desde os tempos do Dilúvio, sua ciência o ensinou muitas coisas, e ela aumentará ainda mais o seu poder. E quanto às grandes inevitabilidades do destino, contra as quais não há remédio, aprenderá a suportá-las com resignação. Que lhe deve importar a miragem de um latifúndio na Lua, de cujas colheitas jamais alguém viu coisa alguma? Na condição de pequeno lavrador honesto nesta Terra, ele saberá cuidar de sua gleba de maneira que ela o alimente. Por não colocar mais suas expectativas no além e concentrar todas as forças liberadas na vida terrena, provavelmente conseguirá que a vida se torne suportável para todos e que a cultura não oprima mais ninguém. Então, com um de nossos companheiros de descrença, poderá dizer sem pesar:

E o céu deixaremos
Aos anjos e aos pardais.[9]

---

9. Heinrich Heine, *Alemanha, um conto de inverno*, capítulo I. (N.T.)

X

"Isso soa mesmo grandioso. Uma humanidade que renunciou a todas as ilusões e assim se tornou capaz de se organizar de modo tolerável na Terra! Não posso, contudo, partilhar de suas expectativas. Não porque eu seja o reacionário empedernido pelo qual o senhor talvez me tome. Não; por ponderação. Acho que agora trocamos os papéis; o senhor se mostra como o entusiasta que se deixa arrebatar por ilusões, e eu represento a reivindicação da razão, o direito do ceticismo. O que o senhor aí apresentou me parece construído sobre erros, que, de acordo com o seu próprio procedimento, posso chamar de ilusões, pois revelam de modo bastante claro a influência de seus desejos. O senhor coloca sua esperança na possibilidade de que gerações que não tenham experimentado a influência das doutrinas religiosas em sua primeira infância alcancem facilmente o almejado primado da inteligência sobre a vida impulsional. Isso provavelmente é uma ilusão; nesse ponto decisivo, a natureza humana dificilmente mudará. Se não me engano – sabe-se tão pouco de outras culturas –, mesmo hoje há povos que não crescem sob a pressão de um sistema religioso, e eles não se aproximam mais do que outros do ideal que o senhor tem em mente. Se o senhor quer eliminar a religião de nossa cultura europeia, isso só poderá acontecer mediante um outro sistema de doutrinas, e este assumiria desde o início todas as características psicológicas da religião: a mesma santidade, rigidez e intolerância, e, para sua defesa, a mesma proibição de pensar. O senhor precisará de alguma coisa desse tipo para corresponder às exigências da educação. A esta o senhor não poderá renunciar. O caminho que leva da criança de colo ao homem aculturado é longo; pessoas demais se desviarão desse caminho e não alcançarão a tarefa de suas vidas no devido tempo se forem abandonadas sem orientação ao próprio desenvolvimento. As doutrinas que fossem empregadas na sua educação sempre colocariam restrições ao pensamento de seus anos maduros, exatamente do mesmo modo que o senhor hoje censura à religião. O senhor não percebe que o defeito congênito inextinguível de nossa cultura, de toda cultura, consiste em impor à criança, dominada por impulsos e intelectualmente débil, a tomada de decisões que apenas a inteligência amadurecida do adulto pode justificar? A cultura, porém, não pode agir de outro modo, devido à concentração do desenvolvimento humano de séculos em alguns poucos anos de infância, e apenas por meio de forças afetivas a criança pode ser levada a dominar a tarefa que lhe é colocada. Essas são, portanto, as perspectivas para o 'primado do intelecto' de que o senhor fala.

"O senhor não deve se surpreender se agora intervenho a favor da conservação do sistema religioso de ensino como a base da educação e da convivência humanas. Trata-se de um problema prático, e não de uma questão de valor de realidade. Visto que, no interesse da continuidade de nossa cultura, não podemos esperar para influenciar o indivíduo até que ele tenha se tornado maduro para ela – muitos absolutamente nunca o serão –, visto que somos forçados a impingir ao adolescente algum sistema de doutrinas que deve agir nele como um pressuposto a salvo da crítica, o sistema religioso me parece ser, de longe, o mais apropriado. Obviamente, justo por causa de sua capacidade consoladora e realizadora de desejos, na qual o senhor julga ter reconhecido a 'ilusão'. Diante das dificuldades de conhecer algo da realidade, e também da dúvida sobre se isso nos é mesmo possível, não queremos negligenciar que as necessidades humanas também são uma parte da realidade, e uma parte importante, que nos diz respeito de um modo muito especial.

"Vejo outra vantagem da doutrina religiosa em uma de suas peculiaridades que parece escandalizá-lo de modo especial. Ela permite uma purificação e uma sublimação conceituais com que se pode eliminar a maior parte daquilo que leva em si a marca do pensamento infantil e primitivo. O que então resta é um conteúdo de ideias que a ciência não contradiz mais e que também não pode refutar. Essas transformações da doutrina religiosa, que o senhor condenou como meias medidas e compromissos, tornam possível evitar a ruptura entre a massa inculta e o pensador filosófico; elas conservam a comunhão entre eles, tão importante para a segurança da cultura. Então não se deve temer que o homem do povo descubra que as camadas superiores da sociedade 'não acreditam mais em Deus'. Acredito haver mostrado que o esforço do senhor se reduz à tentativa de substituir uma ilusão provada e afetivamente valiosa por uma outra, não provada e indiferente."

Não sou inacessível à sua crítica. Sei como é difícil evitar ilusões; talvez as esperanças de que me declarei partidário também sejam de natureza ilusória. Mas insisto em uma diferença. Minhas ilusões – abstraindo o fato de que não há punição alguma por não partilhá-las – não são incorrigíveis como as religiosas, não possuem o caráter delirante. Se a experiência chegasse a mostrar – não a mim, mas a outros depois de mim que pensem do mesmo modo – que nos enganamos, renunciaríamos a nossas expectativas. Tome a minha tentativa pelo que ela é. Um psicólogo que não se ilude sobre o quanto é difícil orientar-se neste mundo se esforça por julgar o desenvolvimento da humanidade segundo o pouquinho de compreensão que obteve através do estudo dos processos psíquicos que ocorrem no indivíduo durante seu desenvolvimento de criança a adulto. Ao fazê-lo, impõe-se a ele a concepção de que a religião é comparável a uma neurose infantil, e é otimista o bastante para supor que a humanidade irá superar essa fase neurótica da mesma forma que tantas crianças deixam para trás suas neuroses semelhantes. Tais conhecimentos extraídos da psicologia individual podem ser insuficientes, a transferência para a espécie humana pode não ser justificada, o otimismo pode ser infundado; concedo-lhe todas essas incertezas. Mas com frequência não se pode deixar de dizer o que se pensa, e uma pessoa se escusa por isso na medida em que não atribui a suas opiniões um valor maior do que possuem.

Ainda preciso me demorar em dois pontos. Em primeiro lugar, a fraqueza da minha posição não significa nenhum fortalecimento da sua. Sou da opinião de que o senhor defende uma causa perdida. Podemos insistir o quanto quisermos que o intelecto humano é débil quando comparado à vida impulsional, e termos razão nisso. Mas há algo especial nessa fraqueza; a voz do intelecto é baixa, mas não descansa até que seja ouvida. No fim, depois de incontáveis e repetidas rejeições, ela o consegue. Esse é um dos poucos pontos em que é lícito ser otimista quanto ao futuro da humanidade, mas, em si, ele não significa pouco. Pode-se ligar a ele ainda outras esperanças. O primado do intelecto está sem dúvida a uma grande, grande distância, mas ela provavelmente não é infinita. E visto que, presumivelmente, ele se colocará os mesmos objetivos cuja realização o senhor espera de Deus – em escala humana, é claro, na medida em que a realidade externa, a Ἀνάγχη, o permitir –, ou seja, o amor entre os seres humanos e a limitação do sofrimento, podemos dizer que nosso antagonismo é apenas temporário, que não é irreconciliável. Esperamos a mesma coisa, mas o senhor é mais impaciente, mais exigente e – por que não devo dizê-lo? – mais egoísta do que eu e os meus. O senhor pretende que a bem-aventurança comece imediatamente após a morte, pede dela o impossível e não quer renunciar às pretensões dos indivíduos. Desses desejos, nosso deus Λόγος[10] realizará aqueles que a natureza exterior nos permitir, porém muito gradativamente, apenas em um futuro imprevisível e para outros seres humanos. Ele não promete uma compensação para nós, que sofremos duramente com a vida. No caminho para essa meta distante, as doutrinas religiosas que o senhor defende precisam ser abandonadas, pouco importa que as primeiras tentativas fracassem, pouco importa que as primeiras formações substitutivas se revelem inconsistentes. O senhor sabe por quê; a longo prazo, nada pode resistir à razão e à experiência, e a oposição da religião a ambas é por demais manifesta. Mesmo as ideias religiosas purificadas não podem escapar a esse destino enquanto ainda quiserem reter algo do conteúdo consolador da religião. Todavia, se tais ideias religiosas se restringirem a asseverar a existência de um ser espiritual superior cujas qualidades são indefiníveis, cujas intenções são ininteligíveis, elas até se tornarão invulneráveis às objeções da ciência, mas também perderão seu interesse para os homens.

Em segundo lugar: preste atenção à diferença existente entre a minha e a sua atitude diante da ilusão. O senhor precisa defender a ilusão religiosa com todas as suas forças; se ela perder o valor – e ela está de fato bastante ameaçada –, então o seu mundo desmoronará e nada vai lhe restar senão desesperar de tudo, da cultura e do futuro da humanidade. Dessa servidão eu estou livre, nós estamos livres. Visto que estamos preparados para renunciar a uma boa parte de nossos desejos infantis, podemos suportar que algumas de nossas expectativas se revelem como ilusões.

A educação libertada do fardo das doutrinas religiosas talvez não mude muito a essência psicológica do homem;

---

10. O par de deuses Λόγος-Ἀνάγκη do holandês Multatuli. (N.T.: *Logos*, "Razão" e *Ananque*, "Necessidade". Multatuli era o pseudônimo de Edward Douwes Dekker (1820-1887), um dos autores prediletos de Freud.)

nosso deus Λόγος talvez não seja muito onipotente e cumpra apenas uma pequena parte do que seus antecessores prometeram. Se tivermos de reconhecer isso, iremos aceitá-lo com resignação. Não iremos perder o interesse pelo mundo e pela vida em razão disso, pois em um lugar temos um apoio firme que falta ao senhor. Acreditamos que seja possível ao trabalho científico descobrir algo acerca da realidade do mundo, algo que pode aumentar nosso poder e permitir que organizemos nossa vida. Se essa crença é uma ilusão, estamos na mesma situação que o senhor; porém, a ciência nos provou através de inúmeros e significativos êxitos que não é uma ilusão. Ela possui muitos inimigos francos e um número muito maior de inimigos dissimulados entre aqueles que não podem lhe perdoar o fato de ter debilitado a crença religiosa e de ameaçar deitá-la abaixo. Ela é censurada por nos ter ensinado tão pouco e por ter deixado incomparavelmente mais coisas na escuridão. Esquece-se, porém, do quanto ela é jovem, de como foram difíceis os seus primórdios e de quão diminuto é o lapso de tempo decorrido desde que o intelecto humano se encontra fortalecido para as tarefas dela. Não cometeríamos um erro, todos nós, ao fundamentarmos nossos juízos em lapsos de tempo demasiado curtos? Deveríamos tomar os geólogos como exemplo. As pessoas se queixam da incerteza da ciência dizendo que ela anuncia hoje como lei aquilo que a geração seguinte reconhece como erro e substitui por uma nova lei com um prazo de validade igualmente curto. Mas isso é injusto e parcialmente falso. As mudanças nas opiniões científicas consistem em evolução, em avanço, e não em revolução. Uma lei que de início era considerada absolutamente válida mostra-se como sendo um caso especial de uma regularidade mais ampla ou então é limitada por uma outra lei que se conhece apenas mais tarde; uma aproximação grosseira da verdade é substituída por outra mais cuidadosamente ajustada, que, por sua vez, aguarda um aperfeiçoamento subsequente. Em diversos campos, ainda não se superou uma fase de investigação em que são testadas hipóteses que logo precisam ser rejeitadas como insuficientes; em outros, porém, já existe um núcleo assegurado e quase invariável de conhecimento. Tentou-se, por fim, depreciar radicalmente o esforço científico através da observação de que ele, preso às condições de nossa própria organização, não pode fornecer outra coisa senão resultados subjetivos, enquanto a natureza efetiva das coisas fora de nós lhe permanece inacessível. Essa observação desconsidera vários fatores decisivos para a concepção do trabalho científico: que nossa organização, quer dizer, nosso aparelho psíquico, se desenvolveu precisamente no esforço de explorar o mundo externo, ou seja, que ele deve ter concretizado uma parcela de adequação em sua estrutura; que ele próprio é um elemento desse mundo que devemos investigar, e que ele admite essa investigação muito bem; que a atividade da ciência está plenamente circunscrita se a limitamos a mostrar como o mundo nos deve aparecer em consequência da particularidade de nossa organização; que os resultados finais da ciência, precisamente por causa da maneira como foram obtidos, não são condicionados apenas pela nossa organização, mas também por aquilo que agiu sobre essa organização; e, por fim, que sem levar em conta nosso aparelho psíquico perceptivo, o problema da constituição do mundo é uma abstração vazia, sem interesse prático.

Não, nossa ciência não é uma ilusão. Seria ilusão, porém, acreditar que pudéssemos conseguir em outra parte aquilo que ela não pode nos dar.

Bibliografia[1]

Freud, S. *Totem und Tabu* [*Totem e tabu*]. 1912-1913. (*Gesammelte Werke*, vol. 9; *Studienausgabe*, vol. 9, p. 287) (49-51)

Moebius, P.J. *Über den physiologischen Schwachsinn des Weibes* [*Sobre a imbecilidade fisiológica da mulher*]. 5. ed. Halle, 1923. (78)

Multatuli. *Multatuli-Briefe* [*As cartas de Multatuli*]. (2 vols.) Frankfurt am Main, 1906. (86)

Reik, T. "Dogma und Zwangsidee: eine psychoanalytische Studie zur Entwicklung der Religion" ["Dogma e ideia obsessiva: um estudo psicanalítico sobre o desenvolvimento da religião"]. *Imago*, vol. 13, p. 247, 1927. (74)

Vaihinger, H. *Die Philosophie des Als Ob* [*A filosofia do como se*]. 8. ed. Berlim, 1922. (56)

---

1. Os números entre parênteses no final de cada entrada indicam a(s) página(s) em que a obra é mencionada na presente edição. (N.T.)

O MAL-ESTAR NA CULTURA

Prefácio:
A cultura ou a sublime guerra entre Amor e Morte

Márcio Seligmann-Silva

> *Mefisto: No final das contas, pode ser que não sirva mais para nada.*
> *Eu fui construído sobre uma ideia errada [...],*
> *segundo a qual as pessoas não são malvadas*
> *o suficiente para se perderem sozinhas, com seus próprios meios.*
>
> Paul Valéry, *Mon Faust*

O mal-estar na cultura é um desses textos que devem ser considerados fundamentais não apenas no âmbito da obra de seu autor. Trata-se aqui, na verdade, de uma das grandes criações do século XX. De modo relativamente compacto, podemos acompanhar neste texto toda a força do intelecto do pai da psicanálise. Neste ensaio entrecruzam-se suas pesquisas psicanalíticas com sua impressionante capacidade de intérprete da humanidade e de seu mundo contemporâneo. Para construir este texto, Freud mobilizou não apenas suas descobertas, mas também sua erudição literária e suas leituras de antropologia. Sem ser citados diretamente, também Kant e Nietzsche são autores cujas obras são discutidas aqui. Kant por conta de sua ética, Nietzsche como grande teórico da violência, da culpa e da força dionisíaca. Este ensaio é talvez – ao lado de *Além do princípio de prazer* – uma das portas mais indicadas para se conhecer o universo e a escrita de Freud na sua força universal e riqueza.

Escrito em 1929 e publicado em 1930, ampliando o escopo e mergulhando em oceanos insuspeitos, *O mal-estar na cultura* dá continuidade ao ensaio *O futuro de uma ilusão* (1927) e desdobra também de modo evidente tanto o mencionado *Além do princípio de prazer* (1920) como seu texto de 1913, *Totem e tabu*. O tom de *O mal-estar na cultura*, no entanto, é bem distinto de *O futuro de uma ilusão*. Se em 1927 Freud ainda apresentava um entusiasmo com relação à ciência e sua capacidade superior à da religião de descrever a realidade e de oferecer uma técnica de vida mais saudável, agora – não por acaso já com 73 anos, após uma longa doença e em meio ao recrudescimento do nacionalismo nazista – ele retoma sua teoria do impulso de morte/destruição e mostra a ciência como sendo tão ilusória como a religião.

Já em 1930 foi publicada a tradução inglesa deste ensaio, com o título *Civilization and its Discontents*, de autoria de Joan Riviere. O próprio Freud havia sugerido utilizar "civilization" no título em inglês. No entanto, nos últimos anos esta opção de tradução tem sido revista. Finalmente com esta edição lançada pela L&PM, introduzimos no Brasil o que nos parece ser também a tradução mais precisa: *O mal-estar na cultura*. "Civilização" de certo modo marcava um deslocamento, um controle e quase uma "higienização" das potentes teses que Freud apresenta neste ensaio. Talvez por conta de sua luta naquela época pela aceitação e pela divulgação de sua obra, Freud tenha proposto para a tradução o termo civilização, indiscutivelmente mais restrito e fraco do que o termo cultura. Em *O futuro de uma ilusão*, que também trata da cultura, Freud escrevera:

> Como se sabe, a cultura humana – me refiro a tudo aquilo em que a vida humana se elevou acima de suas condições animais e se distingue da vida dos bichos; e eu me recuso a separar cultura [*Kultur*] e civilização [*Zivilisation*]

– mostra dois lados ao observador. Ela abrange, por um lado, todo o saber e toda a capacidade adquiridos pelo homem com o fim de dominar as forças da natureza e obter seus bens para a satisfação das necessidades humanas e, por outro, todas as instituições necessárias para regular as relações dos homens entre si e, em especial, a divisão dos bens acessíveis.[1]

Se Freud desprezava a distinção entre esses termos, não é menos verdade que os dois estão dados em alemão, e ele muito sabiamente elegeu *Kultur* para seu ensaio que depois se tornaria muito conhecido: *Das Unbehagen in der Kultur*. A crítica da civilização remonta na modernidade à Rousseau e seu culto do "bom selvagem"; já Freud recusa a tese da felicidade superior dos "selvagens" e localiza o mal-estar muito antes da construção das cidades. Na sua definição de cultura, anteriormente citada, já encontramos um ponto que será fundamental no texto de 1930: a ideia da distinção entre o homem e a natureza/animalidade que, por sua vez, se liga à conquista de uma série de técnicas de extração e conquista de riquezas, mas também de convívio social. Neste sentido, Freud se coloca na tradição da reflexão ética que desde os estoicos busca pensar técnicas para uma vida feliz. Mas em 1930 ele está cético. Assim, é importante ressaltar também a importância do outro termo do título: *Unbehagen* (mal-estar). O significado do termo *behagen* (que é negado pelo prefixo *un-*) é algo como "sentir-se protegido". *Unbehagen* remete a uma fragilidade, a uma falta de abrigo, a estar desprotegido. É interessante que esse termo também se aproxima de outro termo-chave para a psicanálise, a saber, *Unheimlich* (estranho, sinistro), que deu título a um famoso e fundamental ensaio de Freud de 1919: "O estranho". Um dos sentidos de *unheimlich*,

---

1. *Die Zukunft einer Illusion*, in: *Freud-Studienausgabe*, Frankfurt/M.: Fischer Verlag, 1974, vol. IX, p. 140.

como o próprio Freud destacou, é justamente o de *unbehaglich* (o que provoca mal-estar).[2] Se de certo modo podemos dizer que a psicanálise procedeu à revelação do *Unheimlich* da psique do indivíduo, ou seja, revelou "tudo aquilo que deveria ter permanecido em *segredo* e oculto e veio à luz" (na definição do filósofo idealista Schelling, aprovada por Freud), no caso deste ensaio de 1930 Freud procura mostrar o oculto, o segredo, por detrás de toda cultura e da nossa humanidade, ou seja, seu mal-estar e suas origens mais profundas.

Na primeira parte deste ensaio, Freud retoma sua análise da religião e localiza a sua origem na sensação de desamparo da criança, que é oposta ao seu narcisismo originário e o violenta. Para comprovar essa tese, Freud lança mão de dois procedimentos que lhe são muito caros. Primeiro ele faz um cruzamento (uma tradução, poderíamos dizer) entre elementos que foram conquistados pela psicanálise no estudo de indivíduos e a situação de toda a humanidade. O que vale para o indivíduo (ontogênese) vale também para a espécie (filogênese). Tal gesto marca todo o ensaio de Freud e boa parte de seus estudos mais históricos e antropológicos. A outra característica deste ensaio a ser destacada é de certo modo derivada desse primeiro procedimento. A fim de traduzir descobertas referentes a indivíduos (que possuem uma história relativamente breve e são apenas um organismo) para sociedades (com bilhões de organismos e que se estende por uma temporalidade de centenas de milhares de anos), Freud precisa pensar um modelo de passagem de geração para geração de certos dados que são, por assim dizer, inconscientes. Existe, portanto, uma teoria da temporalidade e da inscrição mnemônica transgeracional que ocupa um papel de destaque neste ensaio.

Nesse sentido, na primeira parte Freud desenvolve outro interessante paralelo, dessa feita justamente para explicar

---

2. Cf. Freud, "Das Unheimliche", in: op.cit., vol. IV, p. 248.

as continuidades históricas, mesmo de fatos que se perdem na noite do tempo. Freud parte do pressuposto de que "na vida psíquica, nada do que uma vez se formou pode perecer". Ele imagina então Roma com suas camadas de ruínas como uma metáfora dessa situação, mas conclui que tal imagem é limitada, pois seria necessário imaginar uma cidade que mantivesse simultaneamente e num mesmo espaço construções de tempos diferentes. A solução para esse limite apenas nossa era do virtual poderia gerar. Não por acaso, pois nossa vida anímica é de certo modo virtual, já que ela permite essas concomitâncias, assim como nossa fantasia também o permite. Nossa vida prolonga – devido ao medo que é gerado pelas forças do destino – o nosso desamparo infantil. Por sua vez, o sentimento oceânico proposto pelas religiões é uma projeção posterior do sentimento do bebê de indistinção com o mundo e de amparo absoluto. O bebê é puro *behagen* (sentir-se protegido). Para ele, não existe o mundo. Esse ponto zero do desenvolvimento de certo modo é visto por Freud neste ensaio como o fim de toda libido, que visaria a atingir novamente um estágio de completude, sem conflito com o mundo.

Mas todas as demais partes do ensaio mostram justamente a batalha titânica entre a humanidade e a natureza. Na segunda parte, recebemos a notícia terrível – mas não tão surpreendente – de que na verdade não estamos programados para a felicidade. "Toda permanência de uma situação anelada pelo princípio do prazer fornece apenas uma sensação tépida de bem-estar; somos feitos de tal modo que apenas podemos gozar intensamente o contraste e somente muito pouco o estado." A toda satisfação segue imediatamente um renovado desejo e uma nova necessidade. Essa visão de mundo trágica Freud pôde encontrar largamente entre os tragediógrafos gregos, como em Eurípides, cuja Medeia afirma que "Viver é ter desgostos", ou ainda na tragédia *Orestes*, na qual Electra profere as palavras: "A mudança é entre todas as coisas a mais agradável". E na mesma peça o coro profere também a máxima: "A grande felicidade não é durável entre os mortais".

No século XVIII, o filósofo Moses Mendelssohn (1729-1786), pensando a sensação do sublime (derivada em parte da teoria do trágico), afirmou por sua vez: "Nossos desejos estendem-se sempre para além do nosso prazer". E não por acaso recordo aqui a teoria do sublime, a mais famosa das chamadas "paixões mistas" teorizadas no século XVIII. O sublime foi pensado então como uma paixão que misturava prazer e terror.[3] Todos nós conhecemos o prazer extraído do terror: a literatura, o teatro e o cinema teriam roubada sua força arrebatadora sem o sublime e sem essa duplicidade que caracteriza e marca as melhores produções artísticas. Este ensaio de Freud, ao lado do já mencionado texto sobre o *Unheimlich*, é uma das melhores peças escritas sobre o sublime – ainda que não mencione tal conceito diretamente. Freud apresenta o homem desamparado, imerso em um mundo que só lhe confronta com dores e horrores: estes vêm tanto do corpo, como do mundo externo, com suas armadilhas terríveis e também, talvez acima de tudo, das relações humanas.[4] *Homo homini lupus*

---

3. Na famosa definição do sublime de Edmund Burke (1729-1797), lemos: "Tudo que seja de algum modo capaz de incitar as ideias de dor e de perigo, isto é, tudo que seja de alguma maneira terrível ou relacionado ao terror, constitui uma fonte do *sublime*, isto é, produz a mais forte emoção de que o espírito é capaz. Digo a mais forte emoção, porque estou convencido de que as ideias de dor são muito mais poderosas do que aquelas que provêm do prazer". Edmund Burke, *Uma investigação filosófica sobre a origem de nossas ideias do sublime e do belo*, Campinas: Papirus/UNICAMP, 1993, p. 48.

4. Ao destacar que existe um conflito inexorável entre o desenvolvimento do indivíduo – com seu desejo de felicidade – e, por outro lado, o desenvolvimento da cultura, que tende a submeter o indivíduo a certos limites, jogando a felicidade para um segundo plano, Freud dá preciosas pistas tanto para se pensar o gênero literário do romance – que de certa forma se especializou em tratar desse indivíduo em seu conflito com o mundo e o "princípio de realidade" – como também o local da utopia na (continua)

(O homem é o lobo do homem), escreve o pai da psicanálise, ecoando Plauto, Hobbes e toda uma tradição do pensamento político moderno que inclui Carl Schmitt e Walter Benjamin. Freud, para além desse cortejo macabro de desgraças, desenvolve vários outros aspectos da teoria do sublime. Destaco afirmações como estas: "O sentimento de felicidade originado da satisfação de um impulso selvagem, não domado pelo eu, é incomparavelmente mais intenso do que aquele que resulta da saciação de um impulso domesticado. O caráter irresistível dos impulsos perversos, talvez a atração do proibido em geral, encontra aqui uma explicação econômica". A ambiguidade desse sentimento de felicidade é total. Nele misturam-se prazer e terror, gozo e aniquilação. O prazer derivado da quebra de tabus pode ser visto como uma consequência lógica da espiral de saciedade-desejo que vimos com Mendelssohn. Mas percebemos aqui também um desdobramento importante da teoria do sublime de Edmund Burke, que derivava as emoções (sublimes) mais intensas de tudo aquilo que estava ligado à conservação da vida.[5] A

(cont.) modernidade, que não por acaso desde os românticos mais e mais tomou os ares de distopia. Justamente a sensibilidade psicanalítica – que em grande parte é derivada do romantismo alemão – coloca o indivíduo em primeiro plano e acaba por encarar o todo (da cultura e da sociedade) como uma terrível fonte de frustrações e sofrimentos. A utopia em seu modelo clássico, renascentista, tornou-se impossível, a não ser que ela venha acompanhada de uma total crítica da ideia de um todo e de uma totalidade que se imporiam às individualidades, o que transforma totalmente a tradição utopista. Freud, neste e em outros textos, só manifestava ironia e crítica para com as tentativas de implantar sociedades totais supostamente utópicas. Elas justamente não levavam em conta o nosso impulso destrutivo. Ele previu o fiasco dessas tentativas. Neste ponto, como em muitos outros, Freud revelou ser um grande profeta. Já se disse que a psicanálise é a religião da era burguesa. Há algo de verdade neste chiste.

5. Sobre a teoria do sublime, permito-me indicar aos leitores meus ensaios "Do delicioso horror sublime ao abjeto e à escritura do corpo" e "Arte e dor e *kátharsis*. Ou: variações sobre a arte de pintar o grito", ambos no meu livro *O local da diferença. Ensaios sobre memória, arte, literatura e tradução*, São Paulo: Editora 34, 2005.

morte está no centro da teoria do sublime, assim como o impulso de morte está no centro da psicanálise desde *Além do princípio de prazer*. Freud fala ainda de nossa felicidade, que é derivada do fato de termos escapado à infelicidade, ou, ainda, escreve sobre nosso gozo na destruição dos outros[6] e sobretudo desenvolve um conceito de impulso de agressão (um derivado e principal representante do impulso de morte ou de destruição) que não deixa nada a desejar à teoria da força do abalo (poético) que remonta ao texto clássico *Sobre o sublime*, de Longinus. Assim como esse tratado privilegiou o arruinamento do texto, o abalo do leitor em detrimento da ordem e do decoro clássicos, Freud apresenta a paisagem da nossa cultura como marcada pela violência, por um impulso incontrolável de agressão que põe por água abaixo a visão humanista e iluminista do homem racional como o centro do mundo e o coroamento da natureza. Muito pelo contrário, o homem freudiano não carrega coroa alguma; ele na verdade carrega essa natureza dentro de si e nunca poderá dominá-la.

Assim, Freud apresenta também os meios que os animais humanos desenvolveram para tentar enfrentar esta vida marcada pelas frustrações, pelo mal-estar e pelo obrigatório

---

6. É sobretudo no sadismo que esse caráter misto e inseparável dos impulsos (Eros e Tânatos) fica claro. "No sadismo, em que ele [Tânatos] torce a meta erótica a seu favor, ao mesmo tempo em que satisfaz completamente o anseio sexual, obtemos a mais clara visão de sua natureza e de suas relações com Eros. Mas mesmo onde aparece sem propósitos sexuais, até na mais cega fúria destrutiva, é impossível ignorar que a sua satisfação está ligada a um gozo narcísico extraordinariamente alto, na medida em que essa satisfação mostra ao eu o cumprimento de seus antigos desejos de onipotência." Tal gozo narcísico destrutivo Freud desenvolve neste texto como sendo parte da tendência das sociedades que, para conquistar uma coesão, procuram perseguir o "outro". Esse fenômeno de massa (estudado por Freud também em *Psicologia das massas e análise do eu*, de 1921) está na origem de um comportamento sacrificial estudado tanto na antropologia como na teoria política, hoje com destaque para a obra do filósofo G. Agamben e sua teoria do *homo sacer*.

sacrifício da libido e da agressão. Tanto a sublimação no trabalho permite uma tentativa de adaptação a essa relação hostil com a natureza e com os outros, como também outros meios são empregados, quase compensações ou consolos, como as artes. É interessante notar que Freud, apesar de ser um dos mais profundos conhecedores do sublime, sucumbe, ao tratar de arte, a um modelo clássico de um belo pacificado. Neste ensaio ele vê na arte uma espécie de filtro do esquecimento, que ele aproxima a certas drogas, ao amor e à religião. É como se nos alimentássemos de arte, como os lotófagos homéricos de suas flores do esquecimento. Mas as artes possuem um potencial catártico nada desprezível e nelas a mesma mistura de terror e libido está na origem das emoções mais fortes – como a teoria do sublime prega e nós todos o observamos no teatro ou nas salas de exposição e de cinema.

Um dos momentos mais vertiginosos desta verdadeira expedição às origens da humanidade – um *tour de force* do gênero ensaio, extremamente bem escrito e amarrado, apesar de à primeira vista não o parecer – é a quarta parte, que propõe a tese da hominização a partir do movimento de nosso corpo, que nos primórdios, ao ter assumido a postura ereta, teria recalcado o olfato (como fonte de prazer erótico) e passado a privilegiar a visão. Ao colocar-nos de pé e abandonar a postura animal quadrúpede tornamo-nos seres humanos. Isso Darwin já sabia. Mas Freud acrescenta a isso uma teoria do recalque. Com esta imagem potente e com esta novela sobre as origens da cultura no recalcamento de um dos sentidos considerados mais toscos (sintomaticamente narrada em uma nota de rodapé!), Freud novamente se mostra um singular autor de mitos – aliás, neste ponto, comparável talvez apenas a Platão e aos autores da Bíblia. O homem nasce junto com a vergonha de seus órgãos sexuais, como na narrativa do *Gênese* ocorrera com Adão e Eva após a expulsão do Paraíso.

A cultura está ligada ao recalcamento dos "restos", daquilo que é considerado "baixo". Ela se inscreve no avesso da sexualidade animal. A vergonha é a assinatura desse contrato precário. Como escreve Freud, nós xingamos utilizando o nome de nossos melhores amigos, o cão e a cadela, porque eles não sentem vergonha de suas funções sexuais e de seus excrementos. Ananke, a necessidade econômica, nos obriga a conter a vida sexual. Os impulsos são domados em impulsos de meta inibida, ou seja, são desviados de sua meta e por assim dizer anestesiados: incorporamos as grades do decoro social a nossos corpos e mentes. Por outro lado, como Freud desenvolve na sétima parte, o mal-estar tem seu local garantido não apenas por conta dessa limitação que a cultura impõe aos impulsos, que frustra nossos desejos. Freud também trabalha nesse trecho a questão – tão bem explorada por Nietzsche em sua *Genealogia da moral* – da consciência moral como sendo parte essencial, ao lado do sentimento de culpa, de nosso mal-estar atávico. Nessa passagem, Freud retoma a sua tese de *Totem e tabu* que projetara na origem da cultura o assassinato do pai da horda primeva pela associação de seus filhos – e este é o segundo grande mito das origens que Freud defende neste ensaio, sem que um contradiga o outro. Novamente vemos aqui o uso da teoria da memória transgeracional de um fato e da culpa por ele desencadeada. Tal fato cultural é a face filogenética do que ocorre com cada um de nós ao passar pelo complexo de Édipo, no qual o assassinato é simbólico, mas não menos traumático nem menos estruturante de nossa vida anímica. Freud analisa a gênese do supereu como introjeção dessa culpa. Essa escola da culpa está na origem também de nosso hábito de projetar no destino uma figura antropomórfica, mais especificamente, um avatar da instância paterna. As desgraças se nos apresentam como castigos de um pai severo e alimentam nossa culpa. Como vimos, o desejo é insaciável e, além disso, sua aparição automaticamente dispara o aguilhão da culpa no homem de cultura aparelhado com sua consciência moral. Para esse homem, o simples pensamento ou qualquer outra manifestação do desejo já traz o espectro da figura do pai castrador com a tábua das leis de conduta. Nossa cultura é descrita por Freud como geradora de uma enorme culpa, na medida em que seu componente erótico direciona nossa sociedade no sentido de construir uma massa coesa de seres humanos. Quanto mais cultura, mais culpa e mais mal-estar.

Mas, como vimos, nessa novela trágica existem dois atores principais, ou seja, não apenas Eros – o amor –, mas também Tânatos, a morte: "Além do impulso de conservar a substância vivente e aglomerá-la em unidades sempre maiores, deveria existir um outro que lhe fosse oposto, que se esforça por dissolver essas unidades e reduzi-las ao estado primordial, inorgânico". Não deixa de ser desconcertante para nós – ao lermos este ensaio oitenta anos depois de sua composição, ou seja, após não apenas a Segunda Guerra Mundial, Auschwitz, Hiroshima, centenas e milhares de massacres, genocídios e ditaduras sangrentas, mas também em meio a um processo vertiginoso de globalização (costurado por Ananke e não tanto por Eros) e de construção de grandes blocos de nações que está transformando o mapa-múndi – pensar nessa concomitância detectada por Freud da tendência a se construírem unidades culturais sempre maiores, ao lado da tendência à destruição e ao aniquilamento. A técnica – pensada como tecnologia – só fez desdobrar a sua intrínseca ambiguidade, tão bem percebida e analisada por Freud. Cabe a todos nós auxiliar na construção de técnicas positivas de aprimoramento da vida cultural – apesar do mal-estar que lhe é próprio. Com a lucidez de Kafka, sabemos que "há esperança suficiente, esperança infinita – mas não para nós". Mas, por outro lado, o não menos lúcido Walter Benjamin já detectara que o arruinamento da tradição que marca nossa sociedade permite também uma libertação e a conquista de novos espaços. Essa novela não tem fim previsível, e Freud, sabendo disso, termina com uma suspensão: "Mas quem pode prever o desfecho?" De certo modo, como em Guimarães Rosa, o fim é o começo: "Existe é homem humano".

Campinas, 13 de janeiro de 2010

O mal-estar na cultura

I

É IMPOSSÍVEL ESCAPAR à impressão de que os seres humanos geralmente empregam critérios equivocados, de que ambicionam poder, sucesso e riqueza para si mesmos e os admiram nos outros enquanto menosprezam os verdadeiros valores da vida. No entanto, ao efetuar qualquer juízo geral desse tipo, corre-se o risco de esquecer a variedade do mundo humano e de sua vida psíquica. Há alguns poucos homens aos quais não é negado o respeito de seus contemporâneos, ainda que a sua grandeza resida em qualidades e realizações inteiramente alheias às metas e aos ideais da multidão. Não será difícil supor, porém, que apenas uma minoria reconheça esses grandes homens, enquanto a grande maioria nada queira saber deles. Mas as coisas podem não ser tão simples assim, graças às discrepâncias entre o pensar e o agir dos seres humanos e à multiplicidade de seus desejos.

Em suas cartas, um desses homens eminentes se designa meu amigo. Enviei-lhe o meu opúsculo que trata a religião como ilusão, e ele respondeu que concordava inteiramente com meu juízo sobre ela, mas lamentava que eu não tivesse apreciado a genuína fonte da religiosidade. Segundo ele, essa fonte seria um sentimento peculiar, que nunca costuma abandonar a ele próprio, que lhe teria sido confirmado por muitas outras pessoas e que poderia pressupor em milhões de seres humanos. Um sentimento que ele gostaria de chamar de sensação de "eternidade", um sentimento como o de algo sem limites, sem barreiras, "oceânico", por assim dizer. Esse sentimento seria um fato puramente subjetivo, e não um artigo de fé; a ele não se ligaria nenhuma garantia de continuidade pessoal, mas ele seria a fonte da energia religiosa que as diferentes Igrejas e sistemas religiosos captam, conduzem por determinados canais e com certeza também consomem. Apenas com base nesse sentimento oceânico alguém poderia chamar-se religioso, mesmo recusando toda fé e toda ilusão.

Essa declaração de meu estimado amigo, que, aliás, honrou poeticamente o encanto da ilusão certa vez[1], trouxe-me dificuldades nada pequenas. Não consigo descobrir esse sentimento "oceânico" em mim mesmo. Não é fácil tratar sentimentos cientificamente. Pode-se tentar a descrição de suas manifestações fisiológicas. Quando isso não é possível – receio que também o sentimento oceânico se esquivará a essa caracterização –, nada resta senão ater-se ao conteúdo ideativo que, associativamente, se ligar em primeiro lugar ao sentimento. Se bem entendi meu amigo, ele tem em mente o mesmo que um escritor original e um tanto extravagante oferece ao seu herói como consolo diante do suicídio: "Deste mundo não poderemos cair".[2] Ou seja, um sentimento de união indissolúvel, de pertencimento ao todo do mundo exterior. Para mim, isso tem antes o caráter de uma intuição intelectual, que com certeza não deixa de ser acompanhada por notas de sentimento, o que, aliás, também ocorrerá com outros atos de pensamento de importância semelhante. No que se refere à minha pessoa, não pude me convencer da natureza primária de tal sentimento. Mas não será por isso que poderei contestar sua efetiva ocorrência em outras pessoas. O que cabe perguntar é se ele foi corretamente interpretado e se deve ser reconhecido como *fons et origo*[3] de todas as necessidades religiosas.

---

1. *Liluli*. – Desde a publicação dos livros *La vie de Ramakrishna* e *La vie de Vivekananda* (1930), não preciso mais ocultar que o mencionado amigo é Romain Rolland.
2. Trata-se de um verso da peça *Aníbal*, de Christian Dietrich Grabbe (1801-1836): "É, do mundo não cairemos. Simplesmente estamos nele."
3. "Fonte e origem". Em latim no original. (N.T.)

Nada tenho a apresentar que possa influenciar decisivamente na solução desse problema. A ideia de que o homem possa ter notícia de sua ligação com o ambiente através de um sentimento imediato, desde o início dirigido a esse fim, soa tão estranha, ajusta-se tão mal na tessitura de nossa psicologia, que se deve tentar uma derivação psicanalítica, isto é, genética, desse sentimento. A sequência de ideias que então se oferece a nós é a seguinte: normalmente, nada nos é mais certo que o sentimento que temos de nós mesmos, de nosso próprio eu. Esse eu nos parece independente, unitário, bem distinto de todo o resto. Que essa impressão seja uma ilusão, que o eu, ao contrário, se prolongue para o interior, sem fronteiras definidas, num ser psíquico inconsciente que chamamos de "isso", ao qual serve, por assim dizer, de fachada, eis algo que nos mostrou pela primeira vez a investigação psicanalítica, que ainda nos deve muitas informações acerca da relação do eu com o isso. Mas em relação ao exterior, pelo menos, o eu parece conservar linhas fronteiriças claras e definidas. As coisas mudam de figura apenas num estado, que por certo é extraordinário, mas que não pode ser condenado como doentio. No auge da paixão, a fronteira entre o eu e o objeto ameaça desvanecer-se. Contrariando todos os testemunhos dos sentidos, o apaixonado afirma que eu e você são um só, e está pronto a se comportar como se assim fosse. Aquilo que pode ser suspenso temporariamente através de uma função fisiológica obviamente também é suscetível de ser perturbado através de processos mórbidos. A patologia nos dá a conhecer um grande número de estados em que a delimitação do eu em relação ao mundo exterior se torna incerta, ou em que os limites são traçados de modo realmente inexato; casos em que partes do corpo de uma pessoa, inclusive parcelas de sua vida psíquica, percepções, pensamentos e sentimentos parecem alheios e como que não pertencendo ao eu; outros em que se atribui ao mundo exterior aquilo que de maneira evidente surgiu no eu e que este teria de reconhecer. O sentimento do eu, portanto, também está sujeito a perturbações, e as fronteiras do eu não são estáveis.

Uma reflexão subsequente diz: esse sentimento do eu próprio do adulto não pode ter existido desde o princípio. Ele deve ter passado por um desenvolvimento, que, compreensivelmente, não se deixa demonstrar, mas que pode ser reconstituído com bastante verossimilhança.[4] O bebê ainda não distingue o seu eu de um mundo exterior, fonte das sensações que lhe afluem. Ele aprende a fazê-lo gradativamente a partir de estímulos variados. Deve causar-lhe fortíssima impressão o fato de que muitas das fontes de estímulo em que mais tarde reconhecerá os órgãos de seu corpo possam lhe enviar sensações de maneira ininterrupta, enquanto outras fontes lhe sejam subtraídas de vez em quando – entre elas, a mais ansiada: o seio materno –, apenas podendo ser trazidas de volta com a ajuda de gritos que pedem socorro. Assim se opõe ao eu, pela primeira vez, um "objeto", algo que se encontra "fora" e que somente mediante uma ação específica é forçado a aparecer. Um outro estímulo para que o eu se desprenda da massa de sensações, ou seja, para que reconheça um "fora", um mundo externo, é dado pelas frequentes, variadas e inevitáveis sensações de dor e desprazer, que o princípio de prazer, senhor absoluto, ordena suprimir e evitar. Surge a tendência de segregar do eu tudo o que possa se tornar fonte de semelhante desprazer, de lançá-lo para fora, de formar um puro eu de prazer, ao qual se contrapõe um exterior desconhecido, ameaçador. As fronteiras desse primitivo eu de prazer não podem deixar de ser retificadas pela experiência. No entanto, muito daquilo de que não se gostaria

---

4. Cf. os inúmeros trabalhos sobre o desenvolvimento do eu e sobre o sentimento do eu, de Ferenczi, "Estágios de desenvolvimento do senso de realidade" (1913), até os artigos de P. Federn (1926, 1927 e anos posteriores).

de abrir mão pelo fato de proporcionar prazer não faz parte do eu, mas é objeto, e muito sofrimento que se quer expulsar acaba por se revelar como inseparável do eu, como sendo de origem interna. Através do direcionamento intencional das atividades sensoriais e de ações musculares adequadas, aprende-se um modo de distinguir o que é interior – pertencente ao eu – do que é exterior – proveniente do mundo externo –, dando-se assim o primeiro passo para a instauração do princípio de realidade, que deve comandar o desenvolvimento posterior. Naturalmente, essa distinção serve ao propósito prático de defesa contra as sensações de desprazer percebidas e contra aquelas que espreitam como ameaças. O fato de que para se defender de certos estímulos desprazerosos provindos de seu interior o eu não empregue outros métodos além daqueles que utiliza contra o desprazer oriundo do exterior torna-se assim o ponto de partida de consideráveis distúrbios.

É desse modo, portanto, que o eu se separa do mundo exterior. Dito com mais exatidão: originalmente o eu contém tudo, mais tarde ele segrega de si um mundo exterior. O nosso atual sentimento do eu, portanto, é apenas um resíduo minguado de um sentimento de grande abrangência – na verdade, um sentimento que abrangia tudo e correspondia a uma íntima ligação do eu com o ambiente. Se nos for permitido supor que esse sentimento primário do eu tenha se conservado – em maior ou menor medida – na vida psíquica de muitas pessoas, então ele seria uma espécie de contraparte do sentimento do eu, delimitado de modo mais restrito e mais claro, próprio da maturidade, e os conteúdos ideativos correspondentes a esse sentimento primário seriam justamente os de uma ausência de limites e de uma ligação com o universo, os mesmos que meu amigo usou para explicar o sentimento "oceânico". Temos, porém, o direito de supor a sobrevivência do originário ao lado do posterior que dele se formou?

Sem dúvida; semelhante fato não é estranho ao âmbito psíquico nem a outros. No que se refere à série animal, nos atemos à suposição de que as espécies mais altamente desenvolvidas provieram das menos desenvolvidas. No entanto, ainda hoje encontramos entre os seres vivos todas as formas simples de vida. A classe dos grandes sáurios se extinguiu e abriu espaço para os mamíferos, mas um autêntico representante dessa classe, o crocodilo, ainda vive conosco. Talvez a analogia seja muito remota, além de padecer da circunstância de que as espécies inferiores sobreviventes não são, em sua maioria, os verdadeiros antepassados das atuais, mais desenvolvidas. Em regra, os elos intermediários se extinguiram e são conhecidos apenas através de reconstruções. No âmbito psíquico, ao contrário, a conservação do primitivo ao lado do que dele se originou por transformação é algo tão frequente que é escusado demonstrá-lo através de exemplos. Quase sempre esse fato é consequência de uma cisão no desenvolvimento. Uma parcela quantitativa de uma atitude, de um impulso[5], ficou

---

5. "Impulso" foi a nossa opção para traduzir *Trieb* (mas também, como no presente caso, o sinônimo *Triebregung*, outras vezes vertido como "moção de impulso"). Embora os problemas terminológicos constituam uma parte relativamente pequena da tarefa de traduzir, talvez seja pertinente fazer um breve comentário acerca da tradução desse termo.

O substantivo alemão *Trieb* surgiu no século XIII, derivado do verbo *treiben*, que significa "impelir, impulsionar, tocar para a frente". Segundo o *Dicionário comentado do alemão de Freud*, de Luiz Alberto Hanns (Imago, 1996), *Trieb*, tal como empregado não só na linguagem corrente, mas também nas linguagens comercial, religiosa, científica e filosófica, adquiriu sentidos que estão todos muito próximos e sempre correlacionados com um núcleo semântico básico: algo que propulsiona, aguilhoa, toca para a frente, não deixa parar, empurra, coloca em movimento. Assim, *Trieb* evoca a ideia, ainda segundo Hanns, de força poderosa e irresistível que impele.

Tal como empregado por Freud, o sentido do termo aponta nessa mesma direção: "Chamamos de *Trieb* as forças que supomos existir por trás das tensões de necessidade do isso" (*Compêndio da psicanálise*, cap. 2, p. 49, L&PM, 2014). Ou na definição igualmente concisa do *Vocabulário da psicanálise* de J. Laplanche e J.-B. Pontalis (Martins Fontes, 2004): "[O *Trieb* é um] (continua)

conservada sem alterações, outra experimentou um desenvolvimento posterior.

Assim tocamos no problema mais geral da conservação no âmbito psíquico, que ainda mal foi estudado, mas que é tão atraente e significativo que merece um momento de atenção, ainda que nosso tema não nos dê motivo suficiente para tanto. Desde que superamos o erro de acreditar que o nosso esquecimento corriqueiro significa uma destruição do registro mnêmico, ou seja, uma aniquilação, nos inclinamos à suposição contrária, a de que na vida psíquica nada do que uma vez se formou pode perecer, de que tudo permanece conservado de alguma forma e pode ser trazido novamente à luz sob condições apropriadas – por exemplo, através de uma regressão de suficiente alcance. Através de uma comparação tomada de outro âmbito, tentemos esclarecer o conteúdo dessa suposição. Aproveitemos, quem sabe, o desenvolvimento

---

(cont.) processo dinâmico que consiste numa pressão ou força (carga energética, fator de motricidade) que faz o organismo tender para um objetivo".

No Brasil, a tradução do termo *Trieb* se polarizou entre "instinto" e "pulsão", o que é um reflexo evidente do fato de a recepção de Freud em nosso país ter sido mediada predominantemente pela tradição anglo-saxã (a tradução da tradução de James Strachey, que emprega *instinct*) e pela francesa (a leitura de Jacques Lacan e seus seguidores, que empregam *pulsion*). Ou seja: não se traduziu *Trieb*, mas os termos que foram propostos como seus equivalentes em inglês e francês. No entanto, entre o Cila de um termo impreciso (*instinct* – e, por extensão, "instinto" – parece mais adequado para verter o alemão *Instinkt*) e o Caríbdis de um horríssono neologismo, acreditamos que haja uma terceira possibilidade, que consiste simplesmente em atentar para os *sentidos* do termo *alemão* e buscar o seu equivalente em nosso idioma. Por essa razão, propomos a tradução de *Trieb* por "impulso", termo que, parece-nos, cobre perfeitamente os vários matizes de sentido da palavra alemã arrolados acima.

O risco de que nossa sugestão seja qualificada desdenhosamente de purista não é pequeno, e o fascínio dos jargões, como prova o alastramento do referido neologismo, é grande. Na construção de seu edifício teórico, contudo, Freud empregou termos correntes *e* antiquíssimos de sua língua – um procedimento que tentamos reproduzir na nossa. (N.T.)

da Cidade Eterna como exemplo.⁶ Os historiadores nos informam que a Roma mais antiga foi a *Roma Quadrata*, uma colônia cercada no Monte Palatino. Seguiu-se então a fase do *Septimontium*, a unificação das colônias dos montes isolados; depois a cidade limitada pela Muralha Serviana, e mais tarde, após todas as transformações do período republicano e do primeiro período imperial, a cidade que o imperador Aureliano cercou com a sua muralha. Não queremos continuar acompanhando as transformações da cidade, mas nos perguntar o que um visitante, que imaginaremos dotado dos mais completos conhecimentos históricos e topográficos, ainda poderia encontrar desses estágios primitivos na Roma de hoje. Exceto por algumas brechas, ele verá a Muralha Aureliana quase intacta. Em alguns lugares, poderá encontrar partes da Muralha Serviana trazidas à luz por escavações. Se souber o bastante – mais que a arqueologia de hoje –, talvez ele possa acrescentar todo o traçado dessa muralha e o esboço da *Roma Quadrata* ao panorama da cidade. Dos edifícios que um dia ocuparam esses antigos limites, ele não encontrará mais nada ou somente alguns restos, pois não existem mais. O máximo que os melhores conhecimentos acerca da Roma republicana poderiam lhe oferecer seria a localização dos templos e edifícios públicos desse período. Esses lugares são hoje ocupados por ruínas, porém não desses mesmos templos e edifícios, mas de suas reconstruções em períodos posteriores, após incêndios e destruições. É quase desnecessário fazer menção especial ao fato de que todos esses restos da antiga Roma surgem dispersos no emaranhado de uma grande cidade formada nos últimos séculos, desde a Renascença. E muitas coisas antigas certamente ainda estão no solo da cidade ou enterradas sob as construções modernas. Esse é

---

6. Conforme *The Cambridge Ancient History*, v.7 (1928): "*The Founding of Rome*", de Hugh Last.

o tipo de conservação do passado que encontramos em lugares históricos como Roma.

Façamos agora a fantástica suposição de que Roma não seja a habitação de seres humanos, mas um ser psíquico com um passado de análoga extensão e riqueza, um ser, portanto, em que nada do que uma vez aconteceu tenha se perdido, em que ao lado da última fase de seu desenvolvimento todas as anteriores ainda continuem existindo. Isso significaria para Roma, portanto, que os palácios imperiais e o *Septizonium* de Sétimo Severo ainda se elevariam em sua antiga altura sobre o Palatino, que o Castel Sant'Angelo ainda ostentaria em suas ameias as belas estátuas que o adornavam até o cerco dos godos etc. Mais ainda, porém: no lugar do Palazzo Caffarelli, sem que fosse necessário demoli-lo, estaria outra vez o templo do Júpiter capitolino, e não apenas em sua última forma, como o viam os romanos do tempo dos césares, mas também nas mais antigas, quando ainda tinha aspecto etrusco e era ornamentado com antefixas de argila. Onde agora está o Coliseu, também poderíamos admirar a desaparecida *Domus aurea* de Nero; na Praça do Panteão, encontraríamos não apenas o Panteão atual, tal como este nos foi legado por Adriano, mas também, sobre o mesmo terreno, a construção original de M. Agripa; o mesmo solo, inclusive, sustentaria a igreja Maria sopra Minerva e o antigo templo sobre o qual foi construída. E para evocar uma ou outra dessas vistas, talvez bastasse apenas que o observador mudasse a direção de seu olhar ou o posto de observação.

Não tem sentido, evidentemente, levar adiante essa fantasia; ela leva ao inimaginável, mesmo ao absurdo. Se quisermos representar espacialmente a sucessão dos fatos históricos, isso apenas será possível por meio de uma justaposição no espaço; o mesmo espaço não comporta ser preenchido duas vezes. Nossa tentativa parece ser uma brincadeira ociosa; sua única justificativa é nos mostrar o quão longe estamos de dominar as particularidades da vida psíquica por meio de uma apresentação visual.

Ainda temos de nos posicionar quanto à seguinte objeção: por que escolhemos justamente o passado de uma cidade para compará-lo com o passado psíquico? A hipótese da conservação de todo o passado também vale para a vida psíquica apenas sob a condição de que o órgão da psique tenha permanecido intacto, de que seus tecidos não tenham sofrido traumas ou inflamações. Porém, ações destrutivas que pudéssemos comparar a esses agentes etiológicos não faltam na história de nenhuma cidade, mesmo que o seu passado tenha sido menos turbulento que o de Roma, mesmo que ela, tal como Londres, quase nunca tenha sido assolada por inimigos. Por mais pacífico que seja o desenvolvimento de uma cidade, ele inclui demolições e substituições de edifícios, razão pela qual a cidade é de antemão inadequada para semelhante comparação com um organismo psíquico.

Cedemos a essa objeção e, renunciando a um efeito contrastivo capaz de causar impressão, nos voltamos a um objeto de comparação pelo menos mais próximo, como é o caso do corpo animal ou humano. Mas também aqui encontramos a mesma coisa. As primeiras fases do desenvolvimento não se conservaram em nenhum sentido; elas foram absorvidas pelas fases posteriores, às quais forneceram o material. Não se consegue encontrar o embrião no adulto; o timo, presente na criança, é substituído por tecido conjuntivo depois da puberdade, mas ele próprio não existe mais; é verdade que nos ossos longos do homem adulto posso desenhar o contorno dos ossos infantis, mas estes desapareceram na medida em que se alongaram e se dilataram até atingir sua forma definitiva. Ficamos na mesma: semelhante conservação de todos os estados anteriores ao lado da forma final apenas é possível no âmbito psíquico e não estamos em condições de dar uma ideia clara desse fato.

Talvez estejamos indo longe demais nessa suposição. Talvez devêssemos nos contentar com a afirmação de que o passado *pode* ficar conservado na vida psíquica, de que não precisa ser *necessariamente* destruído. É possível, em todo caso, que também no psiquismo muito do que é antigo – em regra ou excepcionalmente – seja apagado ou consumido a tal ponto que não seja mais possível reconstituí-lo e revivê-lo através de processo algum, ou que a conservação dependa, em geral, de certas condições favoráveis. É possível, mas nada sabemos a respeito. Somente podemos nos ater ao fato de que a conservação do passado na vida psíquica é antes a regra do que uma exceção extraordinária.

Visto que estamos inteiramente dispostos a reconhecer que o sentimento "oceânico" existe em muitas pessoas, e inclinados a derivá-lo de uma fase inicial do sentimento do eu, coloca-se outra questão: que direito tem esse sentimento de ser reconhecido como a fonte das necessidades religiosas?

Esse direito não me parece convincente. Afinal, um sentimento apenas pode ser uma fonte de energia quando ele próprio é a expressão de uma forte necessidade. Quanto às necessidades religiosas, parece-me imperioso derivá-las do desamparo infantil e do anseio de presença paterna que ele desperta, tanto mais que esse sentimento não se prolonga simplesmente a partir da vida infantil, mas é conservado de modo duradouro pelo medo das forças superiores do destino. Eu não saberia indicar uma necessidade infantil que tivesse força semelhante à necessidade de proteção paterna. Desse modo, o papel do sentimento oceânico, que talvez pudesse aspirar à restauração do narcisismo ilimitado, é forçado a sair do primeiro plano. A origem da atitude religiosa pode ser seguida nitidamente até o sentimento de desamparo infantil. É possível que haja mais a descobrir por trás dele, mas, por ora, está encoberto pela névoa.

Consigo imaginar que o sentimento oceânico tenha estabelecido relações com a religião posteriormente. Essa unidade com o universo, que é o conteúdo ideativo que lhe corresponde, soa-nos como uma primeira tentativa de consolo religioso, como um outro meio de negar o perigo que o eu reconhece provir ameaçadoramente do mundo exterior. Confesso outra vez que me é muito difícil trabalhar com essas grandezas que mal são apreensíveis. Outro de meus amigos, levado por uma sede insaciável de conhecimento a realizar as mais insólitas experiências, e a se tornar, por fim, um sabe-tudo, me assegurou que nas práticas da ioga, por meio do afastamento em relação ao mundo exterior, da fixação da atenção nas funções corporais e de maneiras especiais de respirar, é realmente possível despertar em si mesmo novas sensações e cenestesias que ele julga serem regressões a estados arcaicos da vida psíquica, há muito encobertos. Ele vê neles uma fundamentação fisiológica, por assim dizer, de grande parte da sabedoria do misticismo. Seria fácil estabelecer relações com algumas modificações obscuras da vida psíquica, como o transe e o êxtase. Só que isso me força a exclamar com as palavras do mergulhador de Schiller:

Que se alegre aquele que respira na rósea luz.[7]

---

7. Versos extraídos do poema "O mergulhador" (*Der Taucher*, 1797), de Friedrich Schiller. (N.R.)

II

EM MEU ESCRITO INTITULADO *O futuro de uma ilusão*, tratou-se muito menos das fontes mais profundas do sentimento religioso e muito mais daquilo que o homem comum entende por sua religião, do sistema de doutrinas e promessas que, por um lado, lhe esclarece os enigmas deste mundo com invejável completude e, por outro, lhe assegura que uma Providência cuidadosa zelará por sua vida e, numa existência no além, compensará eventuais frustrações. O homem comum não consegue imaginar essa Providência de outro modo a não ser na pessoa de um pai grandiosamente elevado. Somente um pai assim é capaz de conhecer as necessidades da criança humana, compadecer-se com suas súplicas, apaziguar-se com os sinais de seu arrependimento. Isso tudo é tão manifestamente infantil, tão alheio à realidade, que se torna doloroso para uma mentalidade humanitária pensar que a grande maioria dos mortais nunca poderá se elevar acima dessa concepção da vida. Mais vergonhoso ainda é saber do grande número de nossos contemporâneos que não podem deixar de reconhecer que essa religião é insustentável e mesmo assim procuram defendê-la parte por parte em lamentáveis combates de retirada. Gostaríamos de nos misturar às fileiras dos crentes para admoestar os filósofos que acreditam salvar o deus da religião ao substituí-lo por um princípio impessoal, vagamente abstrato: "Não tomarás o nome do Senhor teu Deus em vão!". Se alguns dos maiores espíritos das épocas passadas fizeram o mesmo, não é lícito invocar seu exemplo. Sabemos por que tiveram de agir como agiram.

Voltemos ao homem comum e à sua religião, a única que deveria levar esse nome. O que primeiro nos ocorre é a conhecida declaração de um de nossos maiores poetas e sábios, que trata da relação da religião com a arte e a ciência:

> Quem tem arte e ciência
> tem também religião;
> Quem não tem nenhuma das duas,
> que tenha religião![8]

Por um lado, esse dito opõe a religião às duas realizações supremas do homem; por outro, assevera que em seu valor vital elas podem ser substituídas ou permutadas entre si. Se também quisermos negar a religião ao homem comum, evidentemente não teremos a autoridade do poeta ao nosso lado. Experimentemos um caminho peculiar para nos aproximarmos da apreciação de seu enunciado. A vida, tal como nos é imposta, é muito árdua para nós, nos traz muitas dores, desilusões e tarefas insolúveis. Para suportá-la, não podemos prescindir de lenitivos. ("As coisas não funcionam sem construções auxiliares", nos disse Theodor Fontane.[9]) Esses expedientes talvez sejam de três tipos: distrações poderosas que nos façam desdenhar nossa miséria, satisfações substitutivas que a amenizem e entorpecentes que nos tornem insensíveis a ela. Algo desse gênero é imprescindível.[10] Voltaire tem em vista as distrações quando termina o seu *Cândido* com o conselho de que se deve cultivar o próprio jardim; a atividade científica

---

8. Goethe, *Xênias mansas* IX (poemas do espólio).
9. Escritor alemão. A citação provém do romance *Effi Briest* (1895), cap. 35. Eis o contexto: "Um homem a quem muitas coisas tinham dado errado me disse certa vez: 'Acredite em mim, Wüllersdorf, quando lhe digo que as coisas absolutamente não funcionam sem *construções auxiliares*!'. Quem me disse isso era um arquiteto, alguém que portanto devia entender do assunto." (N.T.)
10. Num nível mais baixo, Wilhelm Busch afirma o mesmo em *A devota Helena*: "Quem tem preocupações, também tem licor".

também é uma distração desse tipo. Satisfações substitutivas tais como as oferecidas pela arte são ilusões se comparadas com a realidade, mas mesmo assim não são menos eficazes psiquicamente, graças ao papel que a fantasia conquistou na vida psíquica. Os entorpecentes influenciam nosso corpo, alteram seu quimismo. Não é simples indicar o lugar da religião nessa série. Teremos de prosseguir buscando.

A questão da finalidade da vida humana foi colocada inúmeras vezes; jamais obteve uma resposta satisfatória e talvez nem sequer a admita. Muitos dos que a levantaram acrescentaram que, caso se descobrisse que a vida humana não tem finalidade, ela perderia todo o seu valor para eles. Mas essa ameaça não muda nada. Parece, antes, que temos o direito a deixar tal pergunta sem resposta. Seu pressuposto parece ser aquela arrogância humana da qual já conhecemos tantas outras manifestações. Não se fala de uma finalidade da vida dos animais, a não ser que seu destino consiste em servir ao homem. Só que isso também não se sustenta, pois com muitos animais o homem não sabe o que fazer – a não ser descrevê-los, classificá-los e estudá-los –, e inúmeras espécies animais escaparam inclusive dessa utilização, pois viveram e se extinguiram antes que o homem as tivesse visto. Outra vez, só a religião sabe responder à pergunta sobre a finalidade da vida. Dificilmente se cometerá um erro ao julgar que a ideia de a vida ter uma finalidade depende inteiramente do sistema religioso.

Por essa razão, passaremos a uma pergunta mais modesta: o que os próprios seres humanos, através de seu comportamento, revelam ser a finalidade e o propósito de suas vidas? O que exigem da vida, o que nela querem alcançar? É difícil errar a resposta: eles aspiram à felicidade, querem se tornar felizes e assim permanecer. Essa aspiração tem dois lados, uma meta positiva e outra negativa: por um lado, a ausência de dor e desprazer, por outro, a vivência de sensações intensas de prazer.

Em seu sentido literal mais estrito, "felicidade" refere-se apenas à segunda. Correspondendo a essa bipartição das metas, a atividade dos seres humanos se desdobra em duas direções, segundo ela busque realizar – predominante ou mesmo exclusivamente – uma ou outra dessas metas.

Como se percebe, o que estabelece a finalidade da vida é simplesmente o programa do princípio de prazer. Esse princípio comanda o funcionamento do aparelho psíquico desde o início; não cabem dúvidas quanto à sua conveniência, e, no entanto, seu programa está em conflito com o mundo inteiro, tanto com o macrocosmo quanto com o microcosmo. Ele é absolutamente irrealizável, todas as disposições do universo o contrariam; seria possível dizer que o propósito de que o homem seja "feliz" não faz parte do plano da "Criação". Aquilo que em seu sentido mais estrito é chamado de felicidade surge antes da súbita satisfação de necessidades represadas em alto grau e, segundo sua natureza, é possível apenas como fenômeno episódico. Toda permanência de uma situação anelada pelo princípio de prazer fornece apenas uma sensação de tépido bem-estar; somos feitos de tal modo que apenas podemos gozar intensamente o contraste e somente muito pouco o estado.[11] Dessa forma, nossas possibilidades de felicidade já são limitadas pela nossa constituição. Muito menores são os obstáculos para experimentar a infelicidade. O sofrimento ameaça de três lados: a partir do próprio corpo, que, destinado à ruína e à dissolução, não pode prescindir nem mesmo da dor e do medo como sinais de alarme; a partir do mundo externo, que pode se abater sobre nós com forças prepotentes, implacáveis e destrutivas, e, por fim, das relações com os outros seres humanos. O sofrimento que provém desta última fonte talvez seja sentido de modo mais doloroso que qualquer outro; tendemos

---

11. Goethe inclusive adverte: "Nada é mais difícil de suportar do que uma série de dias bonitos". Mas isso pode ser um exagero.

a considerá-lo como um ingrediente de certo modo supérfluo, embora não pudesse ser menos fatalmente inevitável que o sofrimento oriundo de outras fontes.

Sob a pressão dessas possibilidades de sofrimento, não espanta que os seres humanos costumem moderar suas reivindicações de felicidade, tal como o próprio princípio de prazer, sob a influência do mundo externo, se transformou no mais modesto princípio de realidade; não espanta que já se considerem felizes por terem escapado à infelicidade e resistido ao sofrimento, e que, de um modo geral, a tarefa de evitar o sofrimento desloque para segundo plano a de obter prazer. A reflexão ensina que a realização desta última pode ser tentada por caminhos muito diferentes; todos esses caminhos foram recomendados pelas diversas escolas de sabedoria de vida e seguidos pelos seres humanos. A satisfação ilimitada de todas as necessidades se destaca como a forma mais atraente de conduzir a vida, mas isso significa antepor o gozo à cautela e recebe seu castigo após breve exercício. Os demais métodos em que evitar o desprazer é a meta predominante distinguem-se de acordo com a fonte de desprazer à qual dão maior atenção. Há os procedimentos extremos e os moderados, há os unilaterais e aqueles que atacam várias frentes ao mesmo tempo. A proteção mais indicada contra o sofrimento que pode resultar das relações humanas é a solidão voluntária, o distanciamento em relação aos outros. Compreende-se: a felicidade que se pode alcançar por esse caminho é a da quietude. Contra o temido mundo externo não é possível defender-se de outra maneira senão por alguma espécie de afastamento, caso se queira resolver essa tarefa por si mesmo. Há, todavia, um caminho diferente e melhor: na condição de membro da comunidade humana, passar a atacar a natureza e a submetê-la à vontade humana com a ajuda da técnica guiada pela ciência. Trabalha--se assim com todos para a felicidade de todos. Contudo, os métodos mais interessantes para evitar o sofrimento são aqueles que procuram influenciar o próprio organismo. Afinal de contas, todo sofrimento é apenas sensação, existe apenas na medida em que o percebemos, e apenas o percebemos em consequência de certas disposições de nosso organismo.

O método mais grosseiro, mas também o mais eficaz de se obter tal influência, é o químico, a intoxicação. Não creio que alguém tenha compreendido seu mecanismo, mas o fato é que existem substâncias estranhas ao corpo cuja presença no sangue e nos tecidos nos proporciona sensações imediatas de prazer, além de modificar de tal modo as condições de nossa vida perceptiva a ponto de nos tornarmos incapazes de perceber sensações de desprazer. Ambos os efeitos não apenas ocorrem ao mesmo tempo, mas também parecem intimamente ligados. Em nosso próprio quimismo, contudo, também deve haver substâncias que produzam efeitos semelhantes, pois conhecemos pelo menos um estado mórbido, a mania, em que ocorre esse comportamento análogo à embriaguez sem qualquer ingestão de tóxicos. Além disso, nossa vida psíquica normal mostra oscilações que vão de uma liberação de prazer mais fácil a uma mais difícil, paralela às quais há uma sensibilidade diminuída ou aumentada para o desprazer. É de se lamentar profundamente que esse aspecto tóxico de nossos processos psíquicos tenha se esquivado até agora à investigação científica. O êxito dos tóxicos na luta pela felicidade e no afastamento da desgraça é tão apreciado como benefício que tanto indivíduos quanto povos lhes concederam um lugar fixo na sua economia libidinal. Não se deve a eles apenas o ganho imediato de prazer, mas também uma parcela ardentemente desejada de independência em relação ao mundo externo. Pois se sabe que com a ajuda da "apaga-tristeza" se pode sempre escapar da pressão da realidade e encontrar refúgio num mundo próprio com melhores condições de sensibilidade. É sabido que justamente essa propriedade dos tóxicos também determina seus perigos e sua nocividade. Por vezes, eles são responsáveis pelo desperdício de grandes quantidades de energia que poderiam ter sido empregadas no melhoramento do destino humano.

Contudo, a complicada construção de nosso aparelho psíquico também permite toda uma série de influências diferentes. Visto que satisfação dos impulsos equivale à felicidade, torna-se causa de grave sofrimento quando o mundo exterior nos deixa na indigência, quando se recusa a saciar nossas necessidades. Desse modo, agindo sobre esses impulsos pode-se esperar o alívio de uma parte do sofrimento. Esse tipo de defesa contra o sofrimento não afeta mais o aparelho sensorial; ele busca dominar as fontes interiores das necessidades. Isso ocorre de maneira extrema quando se mortificam os impulsos do modo ensinado pela sabedoria de vida oriental e praticado pela ioga. Todavia, quando se é bem-sucedido nisso, também se renunciou a todas as outras atividades (sacrificou-se a vida), alcançando mais uma vez, por outro caminho, apenas a felicidade da quietude. Com metas mais modestas, segue-se o mesmo caminho quando apenas se aspira ao domínio sobre a vida impulsional. O que então domina são as instâncias psíquicas superiores que se submeteram ao princípio de realidade. Isso não significa de modo algum que se renunciou ao propósito de satisfação; uma certa proteção contra o sofrimento é alcançada pelo fato de a não satisfação dos impulsos mantidos sob sujeição não ser sentida tão dolorosamente como a dos impulsos livres. Em compensação, há uma inegável diminuição das possibilidades de gozo. O sentimento de felicidade originado da satisfação de uma moção de impulso selvagem, não domada pelo eu, é incomparavelmente mais intenso que aquele que resulta da saciação de um impulso domesticado. O caráter irresistível dos impulsos perversos [*perverser Impulse*], talvez a atração do proibido em geral, encontra aqui uma explicação econômica.

Uma outra técnica de defesa contra o sofrimento serve-se dos deslocamentos libidinais permitidos pelo nosso aparelho psíquico, por meio dos quais sua função tanto ganha em flexibilidade. A tarefa a ser resolvida consiste em deslocar de tal modo as metas dos impulsos que elas não possam ser atingidas pela frustração do mundo exterior. A sublimação dos impulsos presta o seu auxílio para tanto. Isso é alcançado sobretudo quando se consegue elevar de modo satisfatório o ganho de prazer obtido de fontes de trabalho psíquico e intelectual. Desse modo, o destino pouco pode fazer contra nós. Satisfações desse tipo, como a alegria do artista ao criar, em dar corpo aos produtos de sua fantasia, ou a do pesquisador na solução de problemas e na descoberta da verdade, têm uma qualidade especial que um dia com certeza seremos capazes de caracterizar metapsicologicamente. Por ora, apenas podemos dizer de modo figurado que elas nos parecem "mais finas e mais elevadas", mas a sua intensidade, comparada àquela oriunda da saciação de moções de impulso mais grosseiras, mais primárias, é reduzida; elas não agitam a nossa corporeidade. Contudo, o ponto fraco desse método reside no fato de não ser universalmente aplicável, de ser acessível apenas a poucos seres humanos. Ele pressupõe disposições e aptidões especiais, não exatamente frequentes na proporção eficaz. Mesmo a esses poucos ele não é capaz de assegurar uma proteção completa contra o sofrimento, não lhes oferece uma couraça impenetrável contra as setas do destino, e costuma fracassar quando o próprio corpo se torna a fonte do sofrimento.[12]

---

12. Quando não há uma disposição especial que prescreva de modo imperioso a direção dos interesses vitais, o trabalho profissional ordinário, acessível a qualquer um, pode ocupar o lugar que lhe foi indicado pelo sábio conselho de Voltaire. Não é possível apreciar adequadamente o significado do trabalho para a economia libidinal no quadro de um panorama sucinto. Nenhuma outra técnica de condução da vida ata o indivíduo tão firmemente à realidade quanto a insistência do trabalho, que ao menos (continua)

Se esse procedimento já revela com clareza a intenção de procurar independência em relação ao mundo exterior, na medida em que a pessoa busca satisfações nos processos interiores, psíquicos, os mesmos traços se destacam com intensidade ainda maior no procedimento que agora passamos a examinar. Nele, a ligação com a realidade se torna ainda mais frouxa, a satisfação é obtida a partir de ilusões reconhecidas como tais, sem que se permita que o seu afastamento da realidade perturbe o gozo. A região donde provêm tais ilusões é a da vida fantasística; quando o desenvolvimento do senso de realidade se completou, ela foi expressamente dispensada das exigências da prova de realidade e foi destinada ao cumprimento de desejos de difícil realização. No topo dessas satisfações fantasísticas se encontra o gozo de obras de arte, também tornado acessível a quem não é criador através da mediação do artista.[13] Quem é sensível à influência da arte não tem palavras suficientes para louvá-la como fonte de prazer e consolo para a vida. No entanto, a suave narcose em que a arte nos coloca não é capaz de produzir mais do que uma libertação fugaz das desgraças da vida, e não é forte o bastante para fazer esquecer a miséria real.

(cont.) o inclui com segurança numa parte da realidade, na comunidade humana. A possibilidade de deslocar uma quantidade considerável de componentes libidinais, sejam eles narcísicos, agressivos e mesmo eróticos para o trabalho profissional e para as relações humanas ligadas a ele, confere-lhe um valor que não fica atrás da sua indispensabilidade para sustentar e justificar a existência em sociedade. A atividade profissional oferece uma satisfação especial quando é escolhida livremente, ou seja, quando permite tornar utilizáveis, através de sublimação, inclinações existentes, moções de impulso contínuas ou constitucionalmente reforçadas. E, no entanto, o trabalho é pouco apreciado pelos seres humanos como caminho para a felicidade. Não se acorre a ele como a outras possibilidades de satisfação. A grande maioria dos seres humanos trabalha apenas sob coação, e dessa repulsa natural dos homens ao trabalho derivam-se os mais graves problemas sociais.

13. Cf. "Formulações acerca dos dois princípios do processo psíquico" (1911) e *Conferências de introdução à psicanálise* (1916-1917), XXIII.

Há outro procedimento mais enérgico e mais radical que considera que o único inimigo é a realidade, a qual seria a fonte de todo sofrimento e com a qual não se pode conviver, sendo preciso, por isso, cortar todas as relações com ela caso se queira ser feliz em algum sentido. O eremita volta as costas para este mundo, não quer ter nada a ver com ele. Mas é possível fazer mais que isso, é possível querer a sua transformação, a construção de um outro mundo em seu lugar, do qual os aspectos mais insuportáveis sejam eliminados e substituídos por outros mais de acordo com os próprios desejos. Em regra, não alcançará coisa alguma quem segue esse caminho para a felicidade com revolta desesperada; a realidade é forte demais para ele. Irá enlouquecer e dificilmente encontrará quem o ajude na realização de seu delírio. Afirma-se, porém, que cada um de nós se comporta, em algum ponto, de maneira semelhante ao paranoico, corrigindo um aspecto insuportável da realidade por meio de uma formação de desejo e introduzindo esse delírio na realidade. É particularmente digno de nota o caso em que um grande número de pessoas empreende conjuntamente a tentativa de obter garantias de felicidade e proteção contra o sofrimento mediante uma transformação delirante da realidade. Precisamos caracterizar também as religiões da humanidade como delírios coletivos desse tipo. E quem toma parte do delírio, obviamente nunca o reconhece como tal.

Não acredito que seja completa essa enumeração dos métodos através dos quais os seres humanos se esforçam em obter a felicidade e manter o sofrimento à distância, e sei também que a matéria admitiria outros arranjos. Ainda não mencionei um desses procedimentos; não que o tenha esquecido, mas porque ele ainda nos ocupará em outro contexto. E como seria possível esquecer justamente essa técnica da arte de viver? Ela se distingue pela mais notável associação de traços característicos. Obviamente, ela também aspira à independência em relação ao destino – como é melhor chamá-lo –, e, com esse propósito, desloca a satisfação para processos psíquicos interiores, servindo-se para isso da já mencionada deslocabilidade da libido, embora não se afaste do mundo externo, mas, ao contrário, se agarre a seus objetos e obtenha a felicidade a partir de uma relação afetiva com eles. Ao fazê-lo, tampouco se satisfaz com a meta fatigada e resignada, por assim dizer, de evitar o desprazer, mas passa por ela sem lhe dar atenção e se aferra à aspiração original, passional, de realização positiva da felicidade. Talvez ela de fato se aproxime mais dessa meta que qualquer outro método. Refiro-me, é claro, àquela orientação da vida que toma o amor como centro, que espera toda satisfação do fato de amar e ser amado. Semelhante orientação psíquica é bastante compreensível a todos nós; uma das manifestações do amor, o amor sexual, nos proporcionou a mais intensa experiência de uma sensação avassaladora de prazer, fornecendo-nos assim o modelo de nossas aspirações de felicidade. O que é mais natural que persistirmos em buscar a felicidade na mesma via em que pela primeira vez a encontramos? O ponto fraco dessa técnica de vida é bem evidente; caso contrário, ninguém teria pensado em trocar esse caminho para a felicidade por outro. Jamais estamos tão desprotegidos contra o sofrimento do que quando amamos, jamais nos tornamos tão desamparadamente infelizes do que quando perdemos o objeto amado ou o seu amor. Contudo, isso não esgota a técnica de vida baseada no valor de felicidade do amor; há muito mais a dizer a respeito.

Pode-se acrescentar neste ponto o interessante caso em que a felicidade de viver é buscada sobretudo no gozo da beleza, onde quer que ela se mostre aos nossos sentidos e ao nosso juízo – da beleza das formas e dos gestos humanos, dos objetos naturais e das paisagens, das criações artísticas e mesmo científicas. Essa postura estética em relação à meta da vida oferece pouca proteção contra sofrimentos iminentes, embora seja capaz de compensar muitas coisas. O gozo da beleza tem um caráter sensível particular, suavemente embriagador. A beleza não tem uma utilidade evidente, sua necessidade cultural não é reconhecível, e, no entanto, não se poderia prescindir dela na cultura. A ciência da estética investiga as condições em que o belo é percebido; ela não foi capaz de dar explicação alguma acerca da natureza e da origem da beleza; como de costume, a ausência de resultados foi encoberta com um dispêndio de palavras sonoras e vazias. Infelizmente, a psicanálise também não tem muito a dizer sobre a beleza. Apenas a derivação a partir do âmbito da sensibilidade sexual parece assegurada; seria uma amostra exemplar de moção de meta inibida. A "beleza" e o "encanto" são originalmente qualidades do objeto sexual. É digno de nota que os próprios genitais, cujo aspecto sempre tem efeito excitante, quase nunca são julgados belos, e que o caráter de beleza, ao contrário, parece ligado a certas características sexuais secundárias.

Apesar das mencionadas limitações de minha enumeração, já me atrevo a fazer algumas observações conclusivas à nossa investigação. O programa que o princípio de prazer nos impõe, o de sermos felizes, não é realizável, mas não nos é permitido – ou melhor, não nos é possível – renunciar aos esforços de tentar realizá-lo de alguma maneira. Para tanto, pode-se escolher caminhos muito diversos, colocando em primeiro lugar o conteúdo positivo da meta, o ganho de prazer, ou o negativo, o de evitar o desprazer. Em nenhum desses caminhos podemos alcançar tudo o que queremos. Nesse sentido moderado em que é reconhecida como possível, a felicidade é um problema da economia libidinal do indivíduo. Não há conselho que sirva para todos; cada um precisa experimentar por si próprio a maneira particular pela qual pode se tornar feliz. Os mais variados fatores farão valer seus direitos para lhe indicar o caminho de sua escolha. O que importa é o quanto de satisfação real ele tem a esperar do mundo exterior, e até onde é levado a se tornar independente dele; por fim, também, de quanta força ele julga dispor para modificá-lo conforme seus desejos. Já nisso, além das circunstâncias externas, será decisiva a constituição psíquica do indivíduo. Aquele que for predominantemente erótico dará preferência às relações afetivas com outras pessoas, aquele que for mais narcísico e autossuficiente buscará as satisfações essenciais em seus processos psíquicos interiores, o homem de ação não renunciará ao mundo exterior, no qual pode demonstrar a sua força. Para os tipos intermediários, o gênero de seus talentos e a medida de sublimação dos impulsos de que forem capazes se tornarão determinantes para o direcionamento de seus interesses. Toda decisão extrema implica a punição de expor o indivíduo a perigos que a insuficiência da técnica de vida escolhida com exclusividade traz consigo. Do mesmo modo que o comerciante cauteloso evita investir todo o seu capital num só lugar, assim talvez a sabedoria de vida também aconselhe a não esperar toda satisfação de uma só aspiração. O êxito nunca é certo, depende da convergência de muitos fatores, talvez de nenhum outro mais que da capacidade da constituição psíquica em adaptar sua função ao ambiente e aproveitá-lo para o ganho de prazer. Quem tiver herdado uma constituição de impulsos particularmente desfavorável e não tiver passado de modo regular pela transformação e pelo reordenamento – imprescindíveis para realizações posteriores – de seus componentes libidinais, terá problemas em obter felicidade a partir de sua situação exterior, sobretudo quando colocado diante de tarefas mais difíceis. Como última técnica de vida, que ao menos lhe promete satisfações substitutivas, oferece-se a ele a fuga para a doença neurótica, na maioria das vezes já efetuada na juventude. E quem, em momentos posteriores de sua vida, vê seus esforços pela felicidade fracassarem, ainda encontra consolo no ganho de prazer da intoxicação crônica, ou empreende a desesperada tentativa de rebelião da psicose.[14]

A religião prejudica esse jogo de escolha e adaptação ao impor a todos, do mesmo modo, o seu caminho para a obtenção da felicidade e para a proteção contra o sofrimento. Sua técnica consiste em depreciar o valor da vida e desfigurar a imagem do mundo real de modo delirante, o que tem como pressuposto a intimidação da inteligência. A esse preço, mediante a fixação forçada num infantilismo psíquico e a inclusão num delírio coletivo, a religião é bem-sucedida em poupar muitos seres humanos da neurose individual. Mas pouco mais do que isso; há, como dissemos, muitos caminhos que podem levar à felicidade tal como esta é alcançável pelo homem, mas nenhum que leve a ela com segurança. Também a religião não pode cumprir sua promessa. Quando o crente finalmente se vê forçado a falar dos "desígnios inescrutáveis" de Deus, confessa com isso que só lhe restou a submissão incondicional como última possibilidade de consolo e fonte de prazer no sofrimento. E, se está disposto a ela, provavelmente poderia ter se poupado o rodeio.

---

14. Sou forçado a indicar pelo menos uma das lacunas da exposição acima. Uma consideração das possibilidades humanas de felicidade não deveria deixar de levar em conta a proporção relativa de narcisismo em comparação com a libido objetal. O que se quer saber é o que significa para a economia libidinal depender, no essencial, de si mesma.

III

Nossa investigação sobre a felicidade pouco nos ensinou até agora que já não seja do conhecimento geral. Mesmo que a levemos adiante ao perguntar por que é tão difícil para os seres humanos se tornarem felizes, a perspectiva de aprender algo novo não parece muito maior. Já demos a resposta ao indicarmos as três fontes donde provém nosso sofrimento: a prepotência da natureza, a fragilidade de nosso próprio corpo e a deficiência das disposições que regulam os relacionamentos dos seres humanos na família, no Estado e na sociedade. Quanto às duas primeiras, nosso juízo não pode hesitar por muito tempo; somos forçados a reconhecer essas fontes de sofrimento e a nos resignarmos com a sua inevitabilidade. Jamais dominaremos a natureza completamente, e nosso organismo, ele próprio uma parte dessa natureza, sempre será uma formação transitória, limitada em sua adaptação e em sua operação. Desse conhecimento não se deriva nenhum efeito paralisante; ao contrário, ele indica a direção de nossa atividade. Se não podemos suprimir todo o sofrimento, podemos pelo menos suprimir uma parte dele, mitigando a outra; uma experiência de milhares de anos nos convenceu disso. Em relação à terceira fonte de sofrimento, a social, nos comportamos de outra maneira. De modo algum queremos admiti-la, não conseguimos entender por que as disposições que nós mesmos criamos não deveriam antes representar proteção e benefício para todos nós. Contudo, quando refletimos sobre o quanto fomos malsucedidos justamente nessa parte da proteção contra o sofrimento, desperta a suspeita de que também por trás disso poderia haver uma porção da natureza invencível – neste caso, nossa própria constituição psíquica.

Em vias de nos ocuparmos dessa possibilidade, topamos com uma asserção que é tão espantosa que queremos nos deter nela. Segundo tal asserção, uma grande parte da culpa pela nossa miséria é de nossa chamada cultura; seríamos muito mais felizes se desistíssemos dela e retornássemos a condições primitivas. Eu a chamo de espantosa porque – seja como for que se defina o conceito de cultura – é certo que tudo aquilo com que tentamos nos proteger da ameaça oriunda das fontes de sofrimento pertence justamente a essa mesma cultura.

Como foi que tantos seres humanos chegaram a esse ponto de vista de surpreendente hostilidade à cultura? Penso que um descontentamento profundo e prolongado com o respectivo estado de cultura preparou o solo sobre o qual, em certas ocasiões históricas, surgiu uma condenação. Acredito reconhecer a última e a penúltima dessas ocasiões; não sou erudito o bastante para seguir toda a série delas ao longo da história da espécie humana. Semelhante fator de hostilidade à cultura já deve ter tomado parte na vitória do cristianismo sobre as religiões pagãs. Tal fator, pelo menos, estava muito próximo da depreciação da vida terrena consumada pela doutrina cristã. A penúltima ocasião se apresentou quando o avanço das viagens de descobrimento permitiu o contato com povos e tribos primitivos. A partir de uma observação insuficiente e de uma compreensão equivocada de seus usos e costumes, os europeus julgaram que eles levavam uma vida feliz, simples, com poucas necessidades, algo inatingível para os visitantes culturalmente superiores. A experiência subsequente corrigiu alguns juízos dessa espécie; em muitos casos, um grau de facilitação da vida, que se devia à generosidade da natureza e à comodidade na satisfação das grandes necessidades, foi atribuído erroneamente à ausência de intrincadas exigências culturais. A última ocasião nos é especialmente familiar; ela se apresentou quando se compreendeu o mecanismo das neuroses que ameaçam solapar o pouquinho de felicidade do homem aculturado. Descobriu-se que o ser humano se torna neurótico porque não é capaz de suportar o grau de frustração que a sociedade lhe impõe a serviço dos ideais culturais, e disso se concluiu que suprimir ou reduzir consideravelmente essas exigências significaria um retorno a possibilidades de ser feliz.

Soma-se a isso ainda um fator de desilusão. Ao longo das últimas gerações, os homens fizeram progressos extraordinários nas ciências naturais e nas suas aplicações técnicas, consolidando o domínio sobre a natureza de uma maneira impensável no passado. Os detalhes desses progressos são de conhecimento geral, e não é necessário enumerá-los. Os seres humanos têm orgulho dessas conquistas e têm direito a tanto. Mas eles acreditam ter percebido que essa recém-adquirida disposição sobre o espaço e o tempo, essa sujeição das forças naturais, a realização de um anseio milenar, não elevou o grau de satisfação prazerosa que esperam da vida, que essa disposição sobre o espaço e o tempo não os tornou, segundo suas impressões, mais felizes. Dessa constatação, deveríamos nos contentar em extrair a conclusão de que o poder sobre a natureza não é a única condição da felicidade humana, assim como não é a única meta dos esforços culturais, sem derivar disso que os progressos técnicos não possuem valor para a economia de nossa felicidade. Alguém poderia objetar: não é um ganho positivo de prazer, um aumento inequívoco do sentimento de felicidade, se posso ouvir com a frequência que quiser a voz do filho que mora a centenas de quilômetros de mim, se pouco depois que o amigo desembarcou posso ficar sabendo que tudo correu bem na longa e cansativa viagem? Não significa nada que a medicina tenha conseguido reduzir tão drasticamente a mortalidade infantil e o risco de infecção das parturientes, e que tenha até conseguido aumentar em muitos anos a duração média da vida do homem aculturado? Além desses benefícios, que devemos à tão invectivada época dos progressos técnicos e científicos, ainda podemos mencionar muitos outros; mas neste ponto se faz ouvir a voz da crítica pessimista, advertindo que a maioria dessas satisfações segue o modelo daquele "prazer barato" recomendado por certa anedota. Esse prazer é obtido quando, numa noite fria de inverno, se coloca a perna nua para fora dos cobertores, recolhendo-a em seguida. Se não existissem ferrovias que superassem as distâncias, então o filho nunca teria deixado a cidade natal e não se precisaria de telefone para ouvir a sua voz. Se não houvesse a navegação transoceânica, o amigo não teria empreendido a viagem marítima e eu não precisaria do telégrafo para acalmar minha preocupação por ele. De que nos adianta a diminuição da mortalidade infantil, se justamente isso nos obriga a uma contenção extrema na geração de filhos, de modo que, em geral, não criamos mais crianças que nas épocas anteriores ao império da higiene, ao mesmo tempo em que colocamos nossa vida sexual no casamento em condições difíceis e provavelmente contrariamos a benéfica seleção natural? E, por fim, de que nos adianta uma vida longa se ela é penosa, pobre em alegrias e tão cheia de sofrimento que só podemos dar as boas-vindas à morte, saudando-a como libertadora?

Parece certo que não nos sentimos bem em nossa cultura atual, mas é muito difícil saber se os homens de épocas anteriores se sentiram mais felizes, e em que medida, e que parte as condições culturais tinham nisso. Sempre teremos a tendência de apreender a miséria objetivamente, isto é, de nos deslocarmos para as condições de outras épocas com as nossas pretensões e suscetibilidades, para então verificar que ocasiões para sensações de felicidade e infelicidade nelas encontraríamos. Essa espécie de consideração, que parece objetiva porque não leva em conta as variações da sensibilidade subjetiva, é obviamente a mais subjetiva possível, na medida em que coloca a própria constituição psíquica no lugar de outras que são todas desconhecidas. A felicidade, porém, é algo inteiramente subjetivo. Por mais que recuemos horrorizados frente a certas situações – a do escravo das galés na Antiguidade, a do camponês na Guerra dos Trinta Anos, a da vítima da Santa Inquisição ou a do judeu que esperava o *pogrom* – é impossível nos colocarmos em seus lugares, perceber as modificações que o embotamento original, o entorpecimento gradual, a eliminação das expectativas e as formas mais grosseiras ou mais refinadas de narcotização provocaram na receptividade às sensações de prazer e desprazer. No caso de possibilidade extrema de sofrimento, também entram em atividade certos dispositivos psíquicos de proteção. Parece-me infrutífero prosseguir nesse aspecto do problema.

É hora de tratarmos da essência dessa cultura cujo valor de felicidade é posto em dúvida. Não vamos exigir nenhuma fórmula que exprima essa essência em poucas palavras antes mesmo que a nossa investigação nos tenha ensinado algo. Basta-nos, portanto, repetir[15] que a palavra "cultura" designa a soma total de realizações e disposições pelas quais a nossa vida se afasta da de nossos antepassados animais, sendo que tais realizações e disposições servem a dois fins: a proteção do homem contra a natureza e a regulamentação das relações dos homens entre si. Para entender mais, buscaremos um por um os traços da cultura, tal como se mostram nas comunidades humanas. Ao fazê-lo, nos deixaremos conduzir sem hesitações pelo uso linguístico, ou, como também se diz, pela sensibilidade para a linguagem, confiando que desse modo façamos justiça a conhecimentos interiores que ainda resistem à expressão em palavras abstratas.

---

15. Cf. *O futuro de uma ilusão*.

O começo é fácil: reconhecemos como culturais todas as atividades e todos os valores que servem ao homem na medida em que colocam a Terra a seu serviço, protegem-no contra a violência das forças da natureza etc. Acerca desse aspecto da cultura há pouquíssimas dúvidas. Para retroceder o suficiente, acrescentamos que os primeiros feitos culturais foram o uso de ferramentas, a domesticação do fogo e a construção de moradias. Dentre eles, a domesticação do fogo se destaca como uma realização absolutamente extraordinária, sem precedentes[16]; com os outros feitos, o homem tomou caminhos que desde então continuou a seguir e para os quais é fácil adivinhar o estímulo. Com todas as suas ferramentas, o homem aperfeiçoa os seus órgãos – tanto os da motilidade quanto os da sensibilidade – ou remove as barreiras para a sua operação. Os motores lhe colocam forças gigantescas à disposição, que ele pode direcionar, como os seus músculos, para onde quiser; o navio e o avião fazem com que nem a água nem o ar possam impedir sua movimentação. Com os óculos, ele corrige

---

16. Material psicanalítico incompleto, não suscetível de interpretação segura, permite ao menos uma hipótese – que soa fantástica – acerca da origem dessa façanha humana. Ao encontrar fogo, o homem primitivo teria tido o hábito de satisfazer um prazer infantil apagando-o com o seu jato de urina. Acerca da concepção fálica original das chamas se elevando em labaredas, se erguendo nas alturas, lendas conservadas não deixam dúvida. Apagar o fogo através da urina – algo que as modernas crianças gigantes que são Gulliver em Lilipute e o Gargântua de Rabelais ainda fazem – era, portanto, como um ato sexual com um homem, um gozo da potência viril na competição homossexual. Quem primeiro renunciou a esse prazer, poupando o fogo, pôde levá-lo consigo e submetê-lo a seu serviço. Ao sufocar o fogo de sua própria excitação sexual, ele domesticou essa força natural que é o fogo. Essa grande conquista cultural seria, portanto, a recompensa pela renúncia a um impulso. Além disso, a mulher teria sido designada guardiã do fogo mantido prisioneiro no lar doméstico, pois sua constituição anatômica lhe proibia ceder a semelhante tentação de prazer. Também é digna de nota a regularidade com que as experiências analíticas atestam o nexo entre ambição, fogo e erotismo urinário. [Freud retoma o tema desta nota no trabalho "A aquisição e o controle do fogo" (1932). (N.R.)]

as deficiências da lente em seu olho; com o telescópio, enxerga a distâncias remotas; com o microscópio, supera os limites da visibilidade impostos pela estrutura de sua retina. Com a máquina fotográfica, ele criou um instrumento que retém as fugazes impressões visuais, algo que o disco de gramofone faz com as igualmente passageiras impressões sonoras, sendo ambos, no fundo, materializações de sua capacidade de recordação, de sua memória. Com a ajuda do telefone, ele ouve de distâncias que mesmo os contos de fadas respeitariam como inalcançáveis; originalmente, a escrita é a linguagem de quem está ausente; a moradia, um substituto para o útero materno, a primeira, provavelmente ainda aspirada habitação, em que estávamos seguros e nos sentíamos tão bem.

O que o homem produziu através de sua ciência e de sua técnica neste planeta, em que surgiu, de início, na condição de uma débil criatura animal, e em que cada indivíduo de sua espécie tem de ingressar outra vez na condição de bebê desamparado – *oh inch of nature!* [17] –, não soa apenas como um conto de fadas, mas é a verdadeira realização de todos – quer dizer, de quase todos – os desejos dos contos de fadas. Todo esse patrimônio pode ser considerado pelo homem como uma aquisição cultural. Em tempos remotos, ele formou um ideal de onipotência e onisciência que corporificou em seus deuses. A eles atribuiu tudo que parecia inacessível aos seus desejos – ou que lhe era proibido. Pode-se dizer, portanto, que esses deuses eram ideais culturais.[18] Agora ele se aproximou bastante de alcançar esse ideal, ele próprio quase se tornou um deus. Todavia, apenas da maneira que, segundo o juízo humano geral,

---

17. "Oh, polegada de natureza!" Citação, ligeiramente alterada, de uma frase dirigida por Péricles a sua filha recém-nascida no romance *As penosas aventuras de Péricles, príncipe de Tiro* (1608), de George Wilkins. (N.T.)

18. Esta passagem é uma das que deixa evidente que o termo "civilização" não pode substituir sempre o termo *Kultur*, empregado por Freud neste ensaio. Sobre a tradução deste termo, ver o prefácio a este volume. (N.R.)

os ideais costumam ser alcançados. Não de modo completo, em muitos aspectos de modo algum, em outros apenas pela metade. O homem se tornou uma espécie de deus protético, por assim dizer, realmente grandioso quando coloca todos os seus órgãos auxiliares, só que eles não se integraram nele e ocasionalmente ainda lhe dão muito o que fazer. De resto, ele tem direito a se consolar com o fato de que esse desenvolvimento não estará encerrado exatamente no ano de 1930 d.C. Épocas futuras trarão consigo progressos novos e de dimensões possivelmente inimagináveis nesse âmbito da cultura, aumentando ainda mais a semelhança do homem com Deus. No interesse de nossa investigação, porém, não esqueçamos que o homem atual não se sente feliz em sua semelhança com Deus.

Reconhecemos, portanto, o nível cultural de um país ao vermos que nele se trata e se cuida metodicamente de tudo que serve à exploração da Terra pelo homem e à sua proteção contra as forças naturais, em suma: de tudo que lhe é útil. Num país assim, o curso dos rios que ameaçam com seus transbordamentos é regulado, e suas águas são desviadas por meio de canais para lugares em que são necessárias. O solo é cuidadosamente preparado e coberto com as plantas que é capaz de produzir, os tesouros minerais das profundezas são extraídos diligentemente e transformados nas ferramentas e nos utensílios de que se necessita. Os meios de transporte são abundantes, velozes e confiáveis, os animais perigosos e selvagens foram exterminados, a criação de animais domésticos está em pleno florescimento. Porém, ainda fazemos outras exigências à cultura, e esperamos, notavelmente, vê-las realizadas nesses mesmos países. Como se quiséssemos negar a primeira exigência que fizemos, também saudamos como cultural o fato de o zelo do homem se voltar igualmente para coisas que de modo algum são úteis, e que parecem antes inúteis – por exemplo, os canteiros de flores que embelezam os espaços verdes de uma cidade, necessários como parques infantis e reservatórios de ar, ou as floreiras que enfeitam as janelas das residências. Logo percebemos que a inutilidade cuja apreciação esperamos por parte da cultura é a beleza; exigimos que o homem aculturado venere o belo onde quer que o encontre na natureza, e que o produza em forma de objetos na medida em que o trabalho de suas mãos o permita. Mas com isso ainda estamos muito longe de esgotar nossas exigências à cultura. Ainda exigimos ver os sinais de limpeza e de ordem. Não temos em alta conta o nível cultural de um vilarejo inglês da época de Shakespeare quando lemos que havia um grande monte de esterco diante das portas de sua casa paterna, em Stratford; quando encontramos os caminhos do Bosque de Viena cheios de papéis, nos indignamos e chamamos o fato de "bárbaro", o que é o antônimo de aculturado. A sujeira de qualquer tipo nos parece incompatível com a cultura; também estendemos a exigência de limpeza ao corpo humano: ouvimos com espanto acerca do mau cheiro que a pessoa do *Roi Soleil* [19] costumava exalar, e balançamos a cabeça quando nos mostram em Isola Bella a minúscula bacia de que Napoleão se servia para suas abluções matinais. Na verdade, não nos surpreendemos se alguém coloca o uso do sabão como verdadeiro medidor cultural. Algo semelhante ocorre com a ordem, que, tal como a limpeza, se aplica inteiramente à obra humana. Porém, enquanto não temos direito de esperar asseio na natureza, a ordem, pelo contrário, foi com ela aprendida; a observação das grandes regularidades astronômicas não deu ao homem apenas o modelo, mas também os primeiros pontos de apoio para a introdução da ordem em sua vida. A ordem é uma espécie de compulsão à repetição que, uma vez instituída, decide quando, onde e como alguma coisa deve ser feita, de modo que se poupam dúvidas e hesitações em todos os casos idênticos. Os benefícios da ordem são inegáveis; ela

---

19. O Rei Sol, como era chamado o rei francês Luís XIV. (N.T.)

possibilita ao homem o melhor uso do espaço e do tempo enquanto poupa suas forças psíquicas. Teríamos direito a esperar que ela se impusesse desde o início e de maneira espontânea no agir humano, e pode causar espanto que tal não seja o caso, mas que o homem revele, pelo contrário, uma tendência natural para a negligência, a irregularidade e a falta de seriedade em seu trabalho, e que precise ser educado com muito esforço para imitar os modelos celestes.

A beleza, a limpeza e a ordem ocupam evidentemente uma posição especial entre as exigências culturais. Ninguém afirmará que elas têm a mesma importância vital que a dominação das forças da natureza e que outros fatores que ainda teremos de conhecer, e, no entanto, ninguém gostaria de preteri-las como coisas secundárias. Que a cultura não pensa apenas na utilidade, isso já nos mostra o exemplo da beleza, que não queremos que esteja ausente entre os seus interesses. A utilidade da ordem é bem evidente; quanto à limpeza, temos de considerar que ela também é exigida pela higiene, e podemos supor que esse nexo não era inteiramente desconhecido do homem antes mesmo da época da profilaxia científica. Mas a utilidade não esclarece inteiramente a aspiração; algo mais deve estar em jogo.

Porém, através de nenhum outro traço julgamos caracterizar melhor a cultura do que através da estima e do cultivo das atividades psíquicas superiores, das realizações intelectuais, científicas e artísticas, do papel dirigente concedido às ideias na vida das pessoas. À frente dessas ideias se encontram os sistemas religiosos, sobre cuja intrincada estrutura procurei lançar luz em outra obra[20]; ao lado deles, encontram-se as especulações filosóficas, e, por fim, aquilo que se pode chamar de formações de ideal do homem, suas ideias acerca de uma perfeição possível do indivíduo, da nação, de toda a humanidade, e as exigências que essas formações colocam com base em tais

---
20. Cf. o ensaio *O futuro de uma ilusão* (1927). (N.R.)

ideias. O fato de essas criações não serem independentes entre si, mas, ao contrário, profundamente entrelaçadas, dificulta tanto a sua apresentação quanto a sua derivação psicológica. Se supusermos de um modo bastante geral que o motor de todas as atividades humanas é a aspiração às duas metas confluentes da utilidade e do ganho de prazer, então o mesmo também deve valer para essas expressões culturais que acabamos de citar, embora isso seja facilmente visível apenas para a atividade científica e para a artística. Não se pode duvidar, porém, que também as demais correspondam a fortes necessidades humanas, talvez àquelas que estejam desenvolvidas apenas numa minoria. Também não devemos nos deixar enganar por juízos de valor acerca de alguns desses sistemas filosóficos ou religiosos e desses ideais; quer se busque neles a suprema realização do espírito humano, quer os lamentemos como erros, é preciso reconhecer que a sua existência, especialmente a sua supremacia, significa um alto nível de cultura.

O último traço de uma cultura que temos de considerar, decerto não o menos importante, é o modo como são regulamentadas as relações dos seres humanos entre si, as relações sociais que dizem respeito ao ser humano na condição de vizinho, de ajudante, de objeto sexual de outro, de membro de uma família, de um Estado. Neste ponto é particularmente difícil livrar-se de determinadas exigências ideais e apreender aquilo que é propriamente cultural. Comecemos com a explicação, talvez, de que o elemento cultural esteja dado com a primeira tentativa de regulamentar essas relações sociais. Se não ocorresse tal tentativa, essas relações ficariam submetidas ao arbítrio do indivíduo, quer dizer, aquele que fosse mais forte fisicamente as decidiria de acordo com seus interesses e impulsos. E nada mudaria nisso se o mais forte encontrasse outro ainda mais forte que ele. A convivência humana só se torna possível quando se reúne uma maioria que é mais forte que cada indivíduo e que permanece unida contra cada um deles. Na condição de "direito", o poder dessa comunidade se opõe então ao poder do indivíduo, condenado como "força bruta". A substituição do poder do indivíduo pelo poder da comunidade é o passo cultural decisivo. Sua essência consiste no fato de que os membros da comunidade se restringem em suas possibilidades de satisfação, enquanto o indivíduo não conhecia tais restrições. A exigência cultural seguinte, portanto, é a da justiça, isto é, a garantia de que o ordenamento jurídico estabelecido não venha a ser quebrado em favor de um indivíduo. Com isso, não se decide acerca do valor ético de semelhante direito. O desenvolvimento cultural posterior parece tender no sentido de que esse direito não seja mais a expressão da vontade de uma comunidade restrita – casta, camada da população, grupo étnico – que se comporta em relação a outras massas, talvez mais amplas, de modo semelhante a um indivíduo violento. O resultado final deve ser um direito para o qual todos – pelo menos todos os que são capazes de tomar parte numa comunidade – tenham contribuído com o sacrifício de seus impulsos, e que não permita que ninguém – mais uma vez com a mesma exceção – se torne vítima da força bruta.

A liberdade individual não é um bem cultural. Ela era a maior possível antes de qualquer cultura; contudo, naqueles tempos ela em geral não tinha valor, pois o indivíduo dificilmente era capaz de defendê-la. Por meio do desenvolvimento cultural, ela sofreu restrições, e a justiça exige que ninguém seja poupado dessas restrições. Aquilo que numa comunidade humana se agita como ímpeto libertário pode ser uma rebelião contra uma injustiça ainda existente e se tornar favorável a um desenvolvimento posterior da cultura, permanecendo com ela compatível. Mas ele também pode se originar de um resto de personalidade originário, não domado pela cultura, e se tornar o fundamento da hostilidade contra essa cultura. Portanto, o ímpeto libertário se dirige contra determinadas formas e exigências da cultura ou contra a cultura em geral. Não parece que se possa levar o homem, através de algum tipo de influência, a transformar a sua natureza na de um cupim; é provável que ele sempre defenda sua pretensão à liberdade individual contra a vontade da massa. Uma boa parte da luta da humanidade se concentra em torno da tarefa de encontrar um equilíbrio conveniente, ou seja, capaz de proporcionar felicidade, entre essas exigências individuais e as reivindicações culturais das massas, e é um dos problemas cruciais da humanidade saber se esse equilíbrio é alcançável através de uma determinada conformação da cultura ou se o conflito é irreconciliável.

Ao deixarmos que o senso comum nos dissesse quais os traços na vida do homem que podem ser chamados de culturais, recebemos uma impressão nítida do panorama da cultura; todavia, por ora nada aprendemos que não seja do conhecimento geral. Ao mesmo tempo, tomamos o cuidado de não concordar com o preconceito de que cultura é sinônimo de aperfeiçoamento, de que é o caminho da perfeição traçado para os seres humanos. Agora, porém, impõe-se a nós uma concepção que talvez conduza a outros lugares. O desenvolvimento cultural nos parece um processo peculiar experimentado pela humanidade em que muitas coisas nos parecem familiares. Podemos caracterizar esse processo por meio das modificações que efetua nas conhecidas disposições dos impulsos humanos, cuja satisfação, contudo, é a tarefa econômica de nossa vida. Alguns desses impulsos são consumidos de tal forma que surge em seu lugar algo que descrevemos, quando se trata do indivíduo, como uma qualidade de caráter. Encontramos o exemplo mais notável desse processo no erotismo anal da criança. Seu interesse original pela função excretória, por seus órgãos e produtos, transforma-se no decorrer do crescimento no grupo de qualidades que nos são conhecidas como parcimônia, senso de ordem e de limpeza, as quais, por si mesmas, são valiosas e bem-vindas, e que podem se intensificar até atingir um predomínio considerável e resultar naquilo que se chama de caráter anal. Não sabemos como isso é possível, mas não restam dúvidas quanto ao acerto dessa concepção.[21] Bem, mas descobrimos que a ordem e a limpeza são exigências culturais essenciais, embora a sua necessidade para a vida não seja logo evidente, tampouco sua adequação como fonte de gozo. Neste ponto deveria se impor a nós, antes de mais nada, a semelhança do processo cultural com o desenvolvimento da libido do indivíduo. Outros impulsos são levados a deslocar as condições de sua satisfação, a transferi-las para outros caminhos, o que na maioria dos casos coincide com a nossa bem conhecida *sublimação* (das metas dos impulsos), e em outros ainda se deixa dela distinguir. A sublimação dos impulsos é um traço especialmente destacado do desenvolvimento cultural; ela possibilita que atividades psíquicas superiores – científicas, artísticas e ideológicas – representem um papel tão significativo na vida cultural. Quando se cede à primeira impressão, fica-se tentado a afirmar que a sublimação é, antes de tudo, um destino imposto aos impulsos pela cultura. Mas é melhor refletir mais sobre isso. Em terceiro lugar, por fim, e isso parece ser o mais importante, é impossível não enxergar em que medida a cultura está alicerçada na renúncia aos impulsos, o quanto justamente ela pressupõe de não satisfação (repressão, recalcamento ou o quê?) de impulsos poderosos. Essa "frustração cultural" domina o vasto âmbito das relações sociais do homem; já sabemos que é a causa da hostilidade contra a qual todas as culturas têm de lutar. Ela também colocará sérias exigências ao nosso trabalho científico; temos muito que explicar aí. Não é fácil entender como se torna possível privar um impulso de

---

21. Cf. "Caráter e erotismo anal" (1908) e vários artigos de Ernest Jones, entre outros.

sua satisfação. Isso não é de forma alguma tão inofensivo; caso não seja compensado economicamente, deve-se estar preparado para sérias perturbações.

Se quisermos saber, porém, que valor pode reivindicar nossa concepção do desenvolvimento cultural como um processo particular comparável à maturação normal do indivíduo, teremos de abordar, evidentemente, um outro problema; teremos de perguntar a que influências o desenvolvimento cultural deve sua origem, como ele surgiu e o que determinou seu curso.

IV

Essa tarefa parece desmedida; é preciso confessar o nosso desânimo. Eis o pouco que pude conjecturar.

Depois que o homem primitivo descobriu que estava em suas mãos – literalmente falando – melhorar o seu destino na Terra por meio do trabalho, não lhe pôde ser indiferente o fato de que outro trabalhasse com ele ou contra ele. O outro adquiriu para ele o valor de colaborador, com quem era útil conviver. Antes ainda, em seu passado simiesco, o homem adotou o hábito de formar famílias; os membros da família foram provavelmente os seus primeiros ajudantes. Pode-se presumir que a fundação da família esteve ligada ao fato de que a necessidade de satisfação genital não se apresentou mais como um visitante que surge subitamente e, depois de sua partida, não dá mais notícias por longo tempo, mas que ela se alojou no indivíduo como um inquilino permanente. Isso deu ao macho motivo para manter consigo a mulher, ou, dito de um modo mais geral, os objetos sexuais; além disso, as fêmeas, que não queriam se separar de seus filhotes desamparados, tinham de ficar, no interesse deles, com o macho mais forte.[22] Nessa

---

22. A periodicidade orgânica do processo sexual se conservou, é verdade, mas a sua influência sobre a excitação sexual psíquica se inverteu. Essa mudança se relaciona, muito provavelmente, com a diminuição dos estímulos olfativos por meio dos quais o processo menstrual atuava sobre a psique masculina. Seu papel foi assumido pelos estímulos visuais, que, ao contrário dos estímulos olfativos intermitentes, podiam conservar um efeito permanente. O tabu da menstruação provém desse "recalcamento orgânico", como defesa contra uma fase superada do desenvolvimento; todas as outras motivações são, provavelmente, de natureza secundária (cf. C.D. Daly, 1927). Esse processo se repete em outro nível quando os deuses de um período cultural ultrapassado se transformam em demônios. A diminuição (continua)

família primitiva ainda damos pela falta de um traço essencial da cultura; o arbítrio do chefe e pai era ilimitado. Em *Totem e tabu* fiz a tentativa de apresentar o caminho que conduziu dessa família ao estágio seguinte de convivência sob a forma

---

(cont.) dos estímulos olfativos parece mesmo ser consequência do afastamento do homem em relação à terra, da determinação de andar ereto, que tornou visíveis e necessitados de proteção os genitais até então encobertos, suscitando assim a vergonha. Assim, no início do fatídico processo cultural estaria a elevação do homem à postura vertical. Partindo daí, a cadeia de acontecimentos passa pela desvalorização dos estímulos olfativos e pelo isolamento do período menstrual; chega ao predomínio dos estímulos visuais, à exposição dos genitais, prossegue até a continuidade da excitação sexual, a fundação da família e, com isso, ao limiar da cultura humana. Isso é apenas uma especulação teórica, mas suficientemente importante para merecer uma verificação cuidadosa com base nas condições de vida dos animais próximos ao ser humano.

Na aspiração cultural por limpeza, que encontra uma justificação posterior nas considerações higiênicas, mas que já se havia exteriorizado antes que estas fossem compreendidas, também há um inconfundível fator social. O estímulo para a limpeza nasce do ímpeto de remover os excrementos, que se tornaram desagradáveis para a percepção sensorial. Sabemos que as coisas são diferentes no quarto das crianças. Os excrementos não despertam nelas nenhuma repulsa, mas lhes parecem valiosos como parte que se desprendeu de seus corpos. Quanto a este ponto, a educação insiste de maneira especialmente enérgica na aceleração do desenvolvimento iminente que deve tornar os excrementos sem valor, asquerosos, repulsivos e detestáveis. Tal reviravolta de valores dificilmente seria possível se essa matéria subtraída ao corpo não fosse condenada pelos seus odores intensos a partilhar do destino reservado aos estímulos olfativos depois que o homem se ergueu do solo. Assim, o erotismo anal sucumbe em primeiro lugar ao "recalcamento orgânico" que abriu o caminho para a cultura. O fator social, responsável pela transformação posterior do erotismo anal, é atestado pelo fato de que, apesar de todos os progressos no desenvolvimento, o odor dos próprios excrementos mal é sentido como repulsivo pelo indivíduo, apenas o das excreções alheias. O desasseado, ou seja, aquele que não esconde seus excrementos, ofende assim o outro, não mostra consideração por ele, e o mesmo exprimem também os insultos mais enérgicos e mais usuais. Também seria incompreensível que o homem usasse o nome de seu mais fiel amigo no reino animal como insulto se o cão não atraísse seu desprezo por causa de duas características: o fato de ser um animal farejador que não recua diante dos excrementos e o de não se envergonhar de suas funções sexuais.

de alianças entre irmãos. Ao subjugar o pai, os filhos fizeram a experiência de que uma associação pode ser mais forte que um indivíduo. A cultura totêmica repousa sobre as restrições que eles precisaram impor uns aos outros para a manutenção do novo estado. As prescrições do tabu foram o primeiro "direito". A convivência dos seres humanos foi assim duplamente motivada: através da coação ao trabalho, resultado da necessidade exterior, e através do poder do amor, que, da parte do homem, não queria prescindir da mulher como objeto sexual, e, da parte desta, não queria prescindir da criança, um fragmento que se desprendeu dela. Eros e ananque[23] também se tornaram os pais da cultura humana. O primeiro êxito cultural foi o fato de que mesmo um grande número de seres humanos pôde permanecer em comunidade. E visto que duas grandes potências agiram em conjunto para tanto, seria de se esperar que o desenvolvimento subsequente se realizasse sem percalços, tanto no sentido de um domínio sempre melhor sobre o mundo exterior, quanto no da ampliação continuada do número de seres humanos abrangidos pela comunidade. Tampouco é fácil compreender de que outro modo essa cultura poderia agir sobre seus membros senão tornando-os felizes.

Antes de investigarmos donde pode provir alguma perturbação, façamos uma digressão, tomando como ponto de partida o fato de reconhecermos o amor como um fundamento da cultura, preenchendo assim uma lacuna deixada numa discussão anterior. Havíamos afirmado que a experiência de o amor sexual (genital) proporcionar ao ser humano as mais intensas vivências de satisfação, de lhe dar propriamente o modelo para toda a felicidade, deveria ter lhe sugerido que continuasse buscando-a para a sua vida no âmbito das relações sexuais, que colocasse o erotismo genital no centro de sua vida. Prosseguimos afirmando que por esse caminho a pessoa

---

23. O amor e a necessidade. (N.T.)

se torna perigosamente dependente de uma parte do mundo exterior, a saber, do objeto de amor escolhido, e se expõe ao mais extremo sofrimento quando este a desdenha ou quando ela o perde devido à infidelidade ou à morte. Por tal razão, os sábios de todas as épocas desaconselharam enfaticamente esse caminho de vida; para um grande número de seres humanos, porém, ele não perdeu o seu atrativo.

A uma minúscula minoria, no entanto, graças à sua constituição, é possibilitado encontrar a felicidade nesse caminho, embora grandes modificações psíquicas da função do amor sejam imprescindíveis. Essas pessoas se tornam independentes do assentimento do objeto ao não colocarem o valor principal no fato de serem amadas, mas no de amar; protegem-se contra a sua perda ao dirigirem seu amor não a objetos isolados, mas a todos os seres humanos na mesma medida, e evitam as oscilações e os desenganos do amor genital afastando-se de sua meta sexual, transformando o impulso numa moção de *meta inibida*. O que produzem dessa forma em si mesmas – o estado de uma sensibilidade terna, imperturbável, equilibrada – não possui mais muita semelhança exterior com a vida amorosa genital, tempestuosamente agitada, da qual no entanto se derivou. Nesse aproveitamento do amor para o sentimento interior de felicidade, São Francisco de Assis deve ter sido aquele que foi mais longe; o que reconhecemos como uma das técnicas de realização do princípio de prazer também foi relacionado de variadas formas com a religião, com a qual deve estar ligado naquelas regiões longínquas em que a distinção entre o eu e os objetos, e destes entre si, é deixada de lado. Certa reflexão ética, cuja motivação mais profunda ainda se tornará clara para nós, julga enxergar nessa disposição ao amor universal pelos seres humanos e pelo mundo a atitude suprema à qual o homem pode se elevar. Desde já gostaríamos de manifestar duas de nossas principais dúvidas. Parece-nos que um amor que não escolhe perde uma parte de seu próprio valor na medida em que comete uma injustiça com o objeto. E mais: nem todos os seres humanos são dignos de amor.

Esse amor que fundou a família permanece ativo na cultura, tanto em seu cunho original, em que não prescinde da satisfação sexual direta, quanto em sua modificação como ternura de meta inibida. Em ambas as formas ele prossegue sua função de ligar um número maior de seres humanos entre si, e de uma maneira mais forte do que o interesse da comunidade de trabalho é capaz de fazê-lo. O desleixo da linguagem no emprego da palavra "amor" encontra uma justificação genética. É chamada de amor a relação entre um homem e uma mulher que em razão de suas necessidades genitais fundaram uma família, mas também recebem esse nome os sentimentos positivos entre pais e filhos, e entre os irmãos na família, embora tenhamos de descrever essa relação como amor de meta inibida, como ternura. Em suas origens, o amor de meta inibida foi plenamente sensual, e ainda continua a sê-lo no inconsciente do homem. Ambos, o amor plenamente sensual e o amor de meta inibida, estendem-se além da família e produzem novas ligações com pessoas até então estranhas. O amor genital leva à formação de novas famílias, o de meta inibida, a "amizades" que se tornam culturalmente importantes porque escapam a algumas limitações do amor genital – por exemplo, à sua exclusividade. Mas a relação do amor com a cultura perde o seu caráter inequívoco no decorrer do desenvolvimento. Por um lado, o amor se opõe aos interesses da cultura; por outro, esta ameaça o amor com sensíveis limitações.

Essa discórdia parece inevitável; sua razão não é de imediato reconhecível. Ela se expressa, de início, como um conflito entre a família e a comunidade maior a que o indivíduo pertence. Já descobrimos que um dos principais empenhos da cultura é aglomerar os seres humanos em grandes unidades.

A família, porém, não quer largar o indivíduo. Quanto mais estreita a coesão dos membros da família, tanto mais eles tendem a se isolar dos outros, tanto mais difícil se torna para eles a entrada em esferas maiores da vida. A forma de convivência filogeneticamente mais antiga, existente apenas na infância, se defende contra a substituição pela forma cultural de convivência, adquirida posteriormente. O desligamento da família se torna para cada jovem uma tarefa em cuja solução a sociedade frequentemente o apoia por meio de ritos de puberdade e de iniciação. Fica-se com a impressão de que essas são dificuldades ligadas a todo desenvolvimento psíquico, e inclusive, no fundo, a todo desenvolvimento orgânico.

Além disso, as mesmas mulheres que, com as exigências de seu amor, de início assentaram os fundamentos da cultura, logo se opõem ao seu curso e passam a exercer uma influência retardadora e bloqueadora. As mulheres representam os interesses da família e da vida sexual; o trabalho da cultura se tornou sempre mais um assunto de homens, coloca-lhes tarefas sempre mais pesadas, força-os a sublimações dos impulsos de que as mulheres são pouco capazes. Visto que o homem não dispõe de quantidades ilimitadas de energia psíquica, precisa executar suas tarefas através de uma divisão apropriada da libido. Aquilo que emprega para fins culturais, ele subtrai em sua maior parte das mulheres e da vida sexual: a convivência constante com outros homens e sua dependência das relações com eles chegam inclusive a afastá-lo de suas tarefas de marido e de pai. Desse modo, a mulher se vê relegada ao segundo plano pelas exigências da cultura e entra numa relação hostil com esta.

Da parte da cultura, a tendência de limitar a vida sexual não é menos nítida que a tendência de ampliar o âmbito cultural. Já a primeira fase da cultura, a do totemismo, traz consigo a proibição da escolha incestuosa de objeto, talvez a mais radical mutilação que a vida amorosa humana experimentou ao longo das épocas. Através de tabus, leis e costumes, são estabelecidas outras limitações que atingem tanto os homens quanto as mulheres. Nem todas as culturas vão tão longe quanto a isso; a estrutura econômica da sociedade também influencia a medida da liberdade sexual restante. Já sabemos que neste ponto a cultura obedece à coação da necessidade econômica, visto que ela precisa subtrair à vida sexual uma grande quantidade de energia psíquica que ela mesma trata de gastar. Nisso a cultura se comporta em relação à sexualidade do mesmo modo que um grupo étnico ou uma camada da população que submeteu outra à sua exploração. O medo da rebelião dos oprimidos leva à adoção de rigorosas medidas preventivas. Nossa cultura europeia ocidental exibe um ponto culminante desse desenvolvimento. Do ponto de vista psicológico, é inteiramente justificado que ela comece com a proibição das expressões da vida sexual infantil, pois a restrição dos apetites sexuais do adulto não tem qualquer perspectiva de êxito se não for preparada já na infância. Só que não se deixa justificar de modo algum que a sociedade aculturada tenha ido tão longe a ponto de também negar esses fenômenos facilmente demonstráveis, que até saltam aos olhos. A escolha objetal do indivíduo sexualmente maduro é limitada ao sexo oposto, e a maioria das satisfações extragenitais é proibida como perversão. A exigência expressa nessas proibições, a de uma vida sexual idêntica para todos, desconsidera as desigualdades na constituição sexual inata e adquirida dos seres humanos, priva um número considerável deles do gozo sexual e se torna assim fonte de grave injustiça. O êxito dessas medidas restritivas poderia ser o de direcionar, sem perdas, todo o interesse sexual daqueles que são normais, que não sofrem de nenhum impedimento constitucional, para os canais que ficaram abertos. Mas aquilo que não é banido, o amor genital heterossexual, continua sendo afetado através das limitações representadas pela legalidade e pela monogamia. A cultura atual deixa claro que apenas permitirá relações sexuais sobre a base de um compromisso único, indissolúvel, entre um homem e uma mulher, que não aprecia a sexualidade como fonte independente de prazer e que apenas está disposta a tolerá-la como fonte até agora insubstituível para a reprodução da espécie.

Isso é um extremo, obviamente. É sabido que se mostrou irrealizável, mesmo por curtos períodos. Somente os fracotes se submeteram a um roubo tão considerável de sua liberdade sexual; naturezas mais fortes o fizeram apenas sob uma condição compensatória da qual poderemos falar mais adiante. A sociedade aculturada se obrigou a aceitar em silêncio muitas transgressões que, de acordo com suas regras, deveria ter perseguido. Mas não devemos nos enganar noutro sentido e supor que semelhante atitude cultural seja inofensiva por não alcançar todos os seus objetivos. A vida sexual do homem aculturado está seriamente afetada; às vezes, dá a impressão de ser uma função que se encontra em processo involutivo, tal como parecem estar nossos dentes e cabelos na condição de órgãos. Provavelmente temos o direito de supor que sua importância como fonte de sensações de felicidade e, portanto, para a realização da meta de nossas vidas, diminuiu de maneira sensível.[24] Às vezes acreditamos perceber que não é apenas a pressão da cultura, mas algo na essência da própria função que nos nega a satisfação completa e nos impele para outros caminhos. Pode ser um erro; é difícil decidir.[25]

---

24. Entre as obras do sutil escritor inglês John Galsworthy, que hoje goza de reconhecimento universal, cedo apreciei uma pequena história intitulada "A macieira". Ela mostra de maneira penetrante como não há mais espaço para o amor simples e natural de duas pessoas na vida do homem aculturado de hoje.

25. Algumas observações para apoiar a suposição que expressamos acima: também o ser humano é uma criatura animal de inequívoca disposição bissexual. O indivíduo corresponde a uma fusão de duas metades simétricas, das quais, segundo a opinião de alguns pesquisadores, uma delas é inteiramente masculina, e a outra, feminina. Também é possível que cada metade fosse originalmente hermafrodita. A sexualidade é um fato biológico que, embora de extraordinária significação para a vida psíquica, é difícil de apreender psicologicamente. Estamos habituados a dizer: cada pessoa apresenta moções do impulso, necessidades e atributos masculinos e femininos, mas o caráter do masculino e do feminino pode ser (continua)

(cont.) indicado apenas pela anatomia, e não pela psicologia. Para esta, o contraste sexual se desbota no contraste da atividade e da passividade, sendo que de maneira demasiado fácil fazemos a atividade coincidir com a masculinidade e a passividade com a feminilidade, o que de modo algum é confirmado sem exceções no reino animal. A teoria da bissexualidade ainda é muito obscura, e o fato de que ainda não tenha encontrado ligação com a teoria dos impulsos é algo que temos de sentir como uma falha grave na psicanálise. Seja lá como for, se supomos como efetivo que o indivíduo quer satisfazer desejos masculinos e femininos em sua vida sexual, estamos preparados para a possibilidade de que essas exigências não serão cumpridas pelo mesmo objeto e de que se atrapalham mutuamente quando não se consegue mantê-las separadas e direcionar cada moção para uma via específica, a ela adequada. Outra dificuldade resulta do fato de a relação erótica, além de seus componentes sádicos próprios, ser frequentemente acompanhada de uma cota de franca tendência agressiva. O objeto de amor nem sempre demonstrará tanta compreensão e tolerância com essas complicações quanto aquela camponesa que se lamenta que seu marido deixou de amá-la porque faz uma semana que não a espanca mais.

Mais profundo, porém, é o alcance da suposição – que se liga ao que expomos na nota do início deste capítulo – de que, com a elevação do homem à postura ereta e a desvalorização do olfato, toda a sexualidade, e não apenas o erotismo anal, ameaçou se tornar uma vítima do recalcamento orgânico, de maneira que desde então a função sexual é acompanhada de uma relutância, cujo fundamento não pode ser encontrado em outra parte, que impede uma satisfação plena e a afasta da meta sexual, levando a sublimações e deslocamentos libidinais. Sei que Bleuler ("A resistência sexual", *Anuário de investigações psicanalíticas e psicopatológicas*, vol. 5, 1913) indicou certa vez a existência de semelhante atitude básica de aversão à vida sexual. O fato de que *inter urinas et faeces nascimur* [nascemos em meio a urina e fezes] escandaliza todos os neuróticos, e não só eles. Os genitais também produzem fortes odores que para muitas pessoas são insuportáveis e lhes tiram o prazer da relação sexual. Resultaria assim, como raiz mais profunda do recalcamento sexual que acompanha a cultura, a defesa orgânica da nova forma de vida conquistada com o andar ereto contra a antiga existência animal, um resultado da investigação científica que coincide de maneira notável com preconceitos banais ouvidos com frequência. Em todo o caso, essas são possibilidades por enquanto ainda incertas, não confirmadas pela ciência. Também não esqueçamos que, apesar da inegável desvalorização dos estímulos olfativos, há povos que, mesmo na Europa, apreciam muito os fortes odores genitais, para nós tão repulsivos, como estimulantes da sexualidade, e a eles não querem renunciar. (Vejam-se os levantamentos folclóricos da "enquete" de Iwan Bloch, "Sobre o olfato na *vita sexualis*", em diversos números da *Anthropophyteia* de Friedrich S. Krauss.)

V

O TRABALHO PSICANALÍTICO nos mostrou que são precisamente essas frustrações da vida sexual o que os chamados neuróticos não toleram. Em seus sintomas, eles criam para si satisfações substitutivas, as quais, porém, produzem sofrimento por si mesmas ou se tornam fontes de sofrimento ao lhes causar dificuldades com o mundo circundante e com a sociedade. Este último fato é facilmente compreensível, o primeiro nos propõe um novo enigma. A cultura, porém, ainda exige outros sacrifícios além do da satisfação sexual.

Entendemos a dificuldade do desenvolvimento da cultura como uma dificuldade geral de desenvolvimento, e isso na medida em que a atribuímos à inércia da libido, à sua aversão em abandonar uma posição antiga por uma nova. Dizemos aproximadamente a mesma coisa quando derivamos a oposição entre cultura e sexualidade do fato de que o amor sexual é uma relação entre duas pessoas em que uma terceira apenas pode ser supérflua ou incômoda, enquanto a cultura repousa sobre relações entre um número maior de pessoas. No auge de uma relação amorosa, não resta nenhum interesse pelo mundo circundante; o casal de amantes basta a si mesmo e nem sequer precisa do filho comum para ser feliz. Em nenhum outro caso Eros revela tão claramente o núcleo de seu ser, a intenção de fazer um a partir de vários; mas, quando alcançou isso do modo que se tornou proverbial, com o enamoramento de duas pessoas, não quer ir além.

Até o ponto em que chegamos, podemos imaginar muito bem uma comunidade aculturada formada por tais indivíduos duplos, que, saciados libidinalmente em si mesmos, estejam ligados uns aos outros através do laço da comunidade de trabalho e de interesses. Neste caso, a cultura não precisaria subtrair nenhuma energia à sexualidade. Mas esse estado desejável não existe e nunca existiu; a realidade nos mostra que a cultura não se contenta com as ligações que até agora lhe foram concedidas, que também quer ligar os membros da comunidade libidinalmente entre si e que para tanto se serve de todos os meios, favorece todos os caminhos para produzir fortes identificações entre eles, convocando grandes quantidades de libido de meta inibida para reforçar os laços comunitários através de relações de amizade. Para a realização desses propósitos, a restrição da vida sexual se torna inevitável. Ainda não compreendemos, porém, a necessidade que impele a cultura a tomar esse caminho e que fundamenta seu antagonismo à sexualidade. Deve se tratar de um fator de perturbação que ainda não descobrimos.

Uma das chamadas exigências ideais da sociedade aculturada pode nos indicar a pista. Ela diz: "Amarás o teu próximo como a ti mesmo"; é universalmente conhecida, e com certeza anterior ao cristianismo, que a apresenta como a sua mais soberba reivindicação, mas seguramente não muito antiga; mesmo em épocas históricas, ainda era desconhecida do homem. Adotemos uma postura ingênua diante dela, como se a ouvíssemos pela primeira vez. Será impossível reprimir um sentimento de espanto e de estranheza. Por que deveríamos fazer isso? De que nos serviria? E sobretudo, como conseguiríamos fazê-lo? Como nos seria possível? O meu amor é algo valioso para mim, que não devo desperdiçar sem prestar contas. Ele me impõe deveres, que devo estar disposto a cumprir com sacrifício. Se eu amar uma pessoa, ela deve merecê-lo de algum modo. (Não levo em conta o proveito que ela possa me trazer, nem o seu possível significado para mim na condição de objeto sexual; essas duas espécies de relação não são consideradas no preceito do amor ao próximo.) Ela o merece se, em aspectos importantes, for tão parecida comigo que eu possa amar a mim mesmo nela; ela o merece se for mais perfeita que eu, de modo que eu possa amar nela o ideal de minha própria pessoa; tenho de amá-la se for filho de meu amigo, pois a dor do amigo, quando algum sofrimento o atinge, também seria minha dor, e eu teria de partilhá-la. Mas quando a pessoa for uma estranha para mim e não puder me atrair com nenhum valor próprio nem qualquer significação já adquirida para minha vida afetiva, torna-se difícil amá-la. Eu cometeria inclusive uma injustiça se o fizesse, pois meu amor é avaliado por todos os meus como preferência; seria uma injustiça contra eles colocar um estranho no mesmo patamar. Mas se devo amá-la com aquele amor universal apenas porque ela também é uma criatura desta Terra, tal como o inseto, a minhoca, a cobra-d'água, então lhe caberá, assim temo, uma quantia mínima de amor, a qual é impossível que seja tão grande quanto aquela que, conforme o juízo da razão, estou justificado a reservar para mim mesmo. Para que um preceito tão pomposo, se o seu cumprimento não pode ser recomendado como racional?

Se observar com maior atenção, encontro ainda mais dificuldades. Esse estranho não é apenas geralmente indigno de amor; tenho de confessar honestamente que ele tem mais direito a minha hostilidade, até a meu ódio. Ele não parece ter o mínimo amor por mim, não demonstra por mim a menor consideração. Caso lhe possa trazer algum proveito, não hesitará em me prejudicar, e ao fazê-lo também não se perguntará se o montante de seu proveito corresponde ao tamanho do dano que me provoca. Na realidade, ele não precisa sequer tirar algum proveito daí; se apenas puder satisfazer algum prazer com isso, não se importará em zombar de mim, me ofender, me caluniar, me mostrar que tem poder sobre mim, e quanto mais seguro se sentir, quanto mais desamparado eu for, tanto mais devo esperar esse comportamento de sua parte em relação a mim. Caso se comporte de outro modo, caso, na condição de estranho, demonstrar consideração e respeito por mim, estarei disposto, de todo modo, a lhe retribuir de igual maneira, sem a necessidade daquele preceito. Se esse grandioso mandamento dissesse "Amarás o teu próximo como o teu próximo te ama", eu não protestaria. Há um segundo mandamento, que me parece ainda mais incompreensível e que desencadeia em mim uma resistência ainda mais forte. Ele diz: "Amarás os teus inimigos". Se pensar bem, não tenho razão para rejeitá-lo como sendo uma exigência ainda mais severa. No fundo, é a mesma coisa.[26]

Neste ponto acredito ouvir a admoestação de uma voz respeitável: "Justamente porque o teu próximo não é digno de amor, e é antes teu inimigo, é que deves amá-lo como a ti mesmo". Então compreendo que é um caso semelhante ao do *credo quia absurdum*.[27]

É bem possível que o meu próximo, quando exortado a me amar como a si mesmo, responda exatamente do mesmo modo que eu e me rechace pelas mesmas razões. Espero que não seja com o mesmo direito objetivo, mas ele também dirá isso. Todavia, há diferenças no comportamento das pessoas que a ética, sem levar em conta tudo aquilo que as condiciona, classifica como "boas" ou "más". Enquanto essas diferenças inegáveis não forem eliminadas, a obediência a elevadas

---

26. Um grande escritor pode se permitir, ao menos zombeteiramente, a expressão de verdades psicológicas muito malvistas. Eis o que Heinrich Heine confessa: "Tenho a mais pacífica das índoles. Meus desejos são: uma choupana modesta, um teto de palha, mas boa cama, boa comida, leite e manteiga bem frescos, flores diante da janela, algumas belas árvores diante da porta e, se o bom Deus quiser me fazer inteiramente feliz, me deixará experimentar a alegria de ver seis ou sete de meus inimigos pendurados nessas árvores. Diante de suas mortes, lhes perdoarei com o coração enternecido toda a maldade que cometeram contra mim em vida – sim, deve-se perdoar seus inimigos, mas não antes que sejam enforcados". (Heine, *Pensamentos e lampejos*.)
27. "Creio porque é absurdo." Frase atribuída a Tertuliano (c.150-c.220), teólogo romano. (N.T.)

exigências éticas significa um prejuízo aos propósitos culturais, na medida em que estabelece prêmios imediatos para a maldade. Neste ponto não se pode deixar de lembrar um fato ocorrido no Parlamento francês quando se discutia a pena de morte; um orador havia defendido apaixonadamente a sua abolição e colhido aplausos frenéticos até que alguém na sala gritou: "*Que messieurs les assassins commencent!*".[28]

A parcela de realidade por trás disso tudo, que se prefere recusar, consiste no fato de que o ser humano não é uma criatura afável e carente de amor que, no máximo, é capaz de se defender quando atacada, mas que ele pode contar com uma cota considerável de tendência agressiva no seu dote de impulsos. Por esse motivo, o próximo não é apenas um possível ajudante e um possível objeto sexual, mas também uma tentação para se satisfazer nele a agressão, explorar sua força de trabalho sem recompensá-lo, usá-lo sexualmente sem o seu consentimento, apropriar-se de seus bens, humilhá-lo, causar-lhe dor, torturá-lo e matá-lo. *Homo homini lupus*[29]; quem, a partir de todas as experiências da vida e da história, terá coragem de contestar essa máxima? Em regra, essa agressão cruel espera por uma provocação ou se coloca a serviço de outro propósito cuja meta também poderia ser alcançada por meios mais brandos. Em circunstâncias favoráveis, quando foram suprimidas as forças psíquicas contrárias que usualmente inibem tal agressão, ela também se expressa de modo espontâneo e revela o homem como uma besta selvagem à qual é alheia a consideração pela própria espécie. Quem evocar a lembrança do horror das invasões dos bárbaros e dos hunos, dos chamados mongóis sob Gêngis Khan e sob Tamerlão, a conquista de Jerusalém pelos piedosos cruzados, ou mesmo os pavores da última Guerra

---

28. "Que os senhores assassinos deem o primeiro passo!" (N.T.)
29. "O homem é o lobo do homem", segundo Hobbes em *Do cidadão*, citando Plauto com ligeiras alterações (*Asinaria*, II, 4, 88). (N.T.)

Mundial, terá de se curvar humildemente diante da realidade dessa concepção.

A existência dessa inclinação agressiva, que podemos perceber em nós mesmos e com razão pressupor nos outros, é o fator que perturba nosso relacionamento com o próximo e força a cultura a dispêndios. Em consequência dessa hostilidade primária dos homens entre si, a sociedade aculturada está constantemente ameaçada pela ruína. O interesse da comunidade de trabalho não a manteria unida; as paixões determinadas por impulsos são mais fortes que os interesses racionais. A cultura precisa fazer de tudo para impor limites aos impulsos agressivos do homem, para deter suas manifestações através de formações psíquicas reativas. Daí, portanto, o emprego de métodos que têm o propósito de estimular os homens a identificações e relacionamentos amorosos de meta inibida, daí as limitações da vida sexual e daí também o mandamento ideal que ordena amar o próximo como a si mesmo, e que realmente se justifica pelo fato de nenhuma outra coisa se opor tanto à natureza humana original. Apesar de todos os seus esforços, esse empenho da cultura não obteve muitos resultados até agora. Ela espera impedir os excessos mais grosseiros da força bruta ao conferir a si mesma o direito de praticar a violência contra os criminosos, mas a lei não alcança as expressões mais cautelosas e sutis da agressão humana. Cada um de nós termina por desistir das expectativas que tinha na juventude em relação ao seu próximo, abandonando-as como ilusões, e pode fazer a experiência do quanto a vida lhe foi tornada difícil e dolorosa devido à malevolência dele. Ao mesmo tempo, seria uma injustiça censurar a cultura por querer excluir a luta e a competição das atividades humanas. Elas certamente são imprescindíveis, mas antagonismo não é necessariamente hostilidade, só que se abusa daquele como ocasião para esta.

Os comunistas acreditam ter encontrado o caminho para a redenção do mal. O homem é inequivocamente bom, bem-intencionado em relação ao próximo, mas a instituição da propriedade privada corrompeu a sua natureza. A posse de bens privados dá poder ao indivíduo e, assim, a tentação de maltratar o próximo; àquele que é excluído da posse não resta senão rebelar-se hostilmente contra o opressor. Caso a propriedade privada fosse abolida, todos os bens fossem tornados comuns e permitido a todos o seu usufruto, a malevolência e a hostilidade entre os homens desapareceriam. Visto que todas as necessidades estariam satisfeitas, ninguém teria motivo para ver no outro o seu inimigo; todos se submeteriam de boa vontade ao trabalho necessário. Nada tenho a ver com a crítica econômica ao sistema comunista, não posso averiguar se a abolição da propriedade privada é oportuna e vantajosa.[30] Mas posso reconhecer seu pressuposto psicológico como uma ilusão inconsistente. Com a supressão da propriedade privada, a agressividade humana é despojada de um de seus instrumentos, certamente poderoso, mas certamente não o mais poderoso. Quanto às diferenças de poder e de influência, das quais a agressão abusa para seus propósitos, nada se modifica, tampouco na essência desta. A agressão não foi criada pela propriedade, reinou quase irrestrita nas épocas pré-históricas, quando a propriedade ainda era muito escassa, já se apresenta no quarto das crianças, quando a propriedade ainda não abandonou sua forma anal primitiva, e constitui o substrato de todas

---

30. Quem em sua própria juventude provou a desgraça da pobreza, experimentou a indiferença e a altivez dos proprietários, deveria estar a salvo da suspeita de não compreender e não demonstrar boa vontade com os esforços que combatem a desigualdade de posses entre os homens e o que dela se deriva. Todavia, quando essa luta quer invocar uma exigência abstrata de justiça como a da igualdade entre todos os homens, é muito natural objetar que a natureza, ao dotar os indivíduos de constituições físicas e dons intelectuais extremamente desiguais, estabeleceu injustiças contra as quais não há remédio.

as relações ternas e amorosas entre os seres humanos, com a única exceção, talvez, daquela de uma mãe com o seu filho homem. Eliminando-se o direito pessoal aos bens materiais, resta ainda o privilégio oriundo dos relacionamentos sexuais, que se tornará a fonte da mais intensa inveja e da mais violenta hostilidade entre os homens tornados iguais em todos os demais aspectos. Caso também se suprima esse privilégio por meio da completa liberação da vida sexual, eliminando assim a família, o embrião da cultura, é impossível prever quais os novos caminhos que o desenvolvimento cultural poderá trilhar; uma coisa, porém, pode-se esperar: que esse traço indestrutível da natureza humana também o acompanhará para onde for.

Evidentemente, não é fácil para os seres humanos renunciar à satisfação dessa sua tendência agressiva; eles não se sentem bem ao fazê-lo. Não é de se menosprezar a vantagem de um círculo cultural mais restrito, que oferece ao impulso um escape na hostilização daqueles que se encontram fora dele. É sempre possível ligar uma quantidade maior de seres humanos no amor entre si quando restam outros para as manifestações da agressão. Certa vez, ocupei-me do fenômeno de que justamente comunidades vizinhas, e sob outros aspectos também muito próximas, atacam-se e zombam uma da outra: espanhóis e portugueses, alemães do norte e do sul, ingleses e escoceses etc. Dei-lhe o nome de "narcisismo das pequenas diferenças", que não contribui muito para sua explicação. Nele se reconhece uma satisfação cômoda e relativamente inofensiva da tendência à agressão por meio da qual a união dos membros da comunidade é facilitada. Foi desse modo que o povo judeu, disperso por toda parte, prestou os mais louváveis serviços à cultura dos povos que o acolheram; infelizmente, todas as carnificinas de judeus da Idade Média não bastaram para tornar essa época mais pacífica e mais segura para seus companheiros cristãos. Depois que o apóstolo

Paulo fez do amor universal pela humanidade o fundamento de sua comunidade cristã, a extrema intolerância do cristianismo contra aqueles que permaneceram fora dessa comunidade foi uma consequência inevitável; os romanos, que não tinham fundado sua comunidade nacional sobre o amor, desconheciam a intolerância religiosa, embora para eles a religião fosse um assunto de Estado e este estivesse impregnado de religião. Também não foi nenhum acaso incompreensível que o sonho de um domínio germânico mundial invocasse o complemento do antissemitismo, e se reconhece como compreensível que a tentativa de erigir na Rússia uma nova cultura comunista encontre seu apoio psicológico na perseguição aos burgueses. É apenas com preocupação que se pode perguntar o que os sovietes farão depois que tiverem exterminado seus burgueses.

Se a cultura impõe sacrifícios tão grandes não apenas à sexualidade, mas também à tendência agressiva do homem, entendemos melhor que se torna difícil para ele ser feliz nela. As coisas eram de fato melhores para o homem primitivo, visto que ele não conhecia qualquer restrição a seus impulsos. Em compensação, a segurança de gozar essa felicidade por longo tempo era muito pequena. O homem aculturado trocou uma parcela de possibilidades de felicidade por uma parcela de segurança. Não esqueçamos, porém, que na família primeva apenas o chefe gozava dessa liberdade de impulsos; os demais viviam em opressão escrava. O contraste entre uma minoria que gozava das vantagens da cultura e uma maioria despojada dessas vantagens era, portanto, levado ao extremo nessa época primeva da cultura. Acerca dos primitivos que vivem hoje, sabemos, graças às mais cuidadosas observações, que de modo algum devemos invejar a liberdade de sua vida impulsional; esta se encontra submetida a limitações de outro tipo, mas talvez de um rigor maior do que aquelas impostas à do homem aculturado moderno.

Quando, com razão, objetamos ao nosso estado cultural atual o quão insatisfatoriamente ele preenche nossas demandas por uma organização da vida capaz de proporcionar felicidade; o quanto de sofrimento, que possivelmente poderia ser evitado, ele consente; quando, com uma crítica implacável, procuramos descobrir as raízes de sua imperfeição, fazemos uso, certamente, de nosso legítimo direito, e não nos mostramos inimigos da cultura. É lícito esperar que gradativamente venhamos a impor essas mudanças à nossa cultura, mudanças que satisfaçam melhor as nossas necessidades e escapem a essa crítica. Mas talvez também venhamos a nos familiarizar com a ideia de que há dificuldades ligadas à essência da cultura e que elas não cederão a qualquer tentativa de reforma. Além das tarefas de restrição dos impulsos, para as quais estamos preparados, impõe-se a nós o perigo de um estado que se pode chamar de "miséria psicológica da massa". Esse perigo ameaça sobretudo ali onde o laço social é produzido principalmente por meio da identificação dos membros entre si, enquanto as individualidades dotadas de espírito de liderança não alcançam aquela significação que lhes deveria caber na formação da massa.[31] O atual estado cultural dos Estados Unidos ofereceria uma boa oportunidade para estudar esses temidos danos à cultura. Mas resisto à tentação de me aprofundar na crítica da cultura desse país; não quero dar a impressão de que eu mesmo queira me servir de métodos norte-americanos.

---

31. Cf. *Psicologia das massas e análise do eu* (1921).

VI

EM NENHUM DE MEUS TRABALHOS anteriores tive a sensação tão forte de apresentar fatos de conhecimento geral, de gastar papel e tinta, posteriormente o trabalho de composição tipográfica e a tinta de impressão, para, no fundo, relatar coisas óbvias. Por esse motivo, me agrada aproveitar a impressão resultante de que o reconhecimento de um impulso agressivo especial, independente, significa uma modificação na teoria psicanalítica dos impulsos.

Acabaremos por ver que não é bem assim, que se trata apenas de apreender de modo mais preciso uma virada feita há muito tempo e seguir suas consequências. De todas as partes lentamente desenvolvidas da teoria analítica, a teoria dos impulsos foi a que, tateando, avançou com maiores dificuldades. E, no entanto, ela era tão imprescindível ao todo que alguma coisa tinha de ser colocada em seu lugar. Na completa perplexidade dos começos, serviu-me de apoio inicial o dito do filósofo-poeta Schiller de que "a fome e o amor" mantêm coeso o mecanismo do mundo.[32] A fome podia ser considerada a representante daqueles impulsos que querem conservar o indivíduo, enquanto o amor anseia por objetos; sua função principal, favorecida pela natureza de todas as maneiras, é a conservação da espécie. Assim, de início, os impulsos do eu e os impulsos objetais se opuseram uns aos outros. Para designar a energia dos últimos, e exclusivamente ela, introduzi a denominação de libido; portanto, a oposição entre os impulsos do eu e os impulsos "libidinais" do amor, dirigidos ao objeto, ocorria em sentido muito amplo. É verdade que um

---
32. No poema "Os filósofos". (N.T.)

desses impulsos objetais, o sádico, se destacava pelo fato de sua meta não ser das mais afetuosas, e era evidente que em muitos aspectos ele se associava aos impulsos do eu e que não podia ocultar seu estreito parentesco com os impulsos de dominação sem propósito libidinal, mas essa discrepância foi superada; o sadismo pertencia evidentemente à vida sexual, o jogo cruel podia substituir o jogo terno. A neurose nos apareceu como o resultado de uma luta entre o interesse da autoconservação e as exigências da libido, uma luta que o eu havia vencido, mas ao preço de graves sofrimentos e renúncias.

Todo analista admitirá que mesmo hoje isso não soa como um erro há muito superado. Porém, uma modificação foi indispensável quando nossa investigação avançou do recalcado para o recalcador, dos impulsos objetais para o eu. Neste ponto foi decisiva a introdução do conceito de narcisismo, ou seja, a compreensão de que o próprio eu está investido de libido, de que é inclusive o seu domicílio original e, por assim dizer, também continua sendo o seu quartel-general. Essa libido narcísica se dirige aos objetos, transforma-se assim em libido objetal e pode se transformar novamente em libido narcísica. O conceito de narcisismo tornou possível compreender analiticamente a neurose traumática, assim como muitas afecções próximas às psicoses e estas mesmas. A interpretação das neuroses de transferência como tentativas do eu para se defender da sexualidade não precisou ser abandonada, mas o conceito de libido esteve em perigo. Visto que os impulsos do eu também eram libidinais, pareceu inevitável, por um momento, fazer a libido coincidir com a energia dos impulsos em geral, conforme C.G. Jung já quisera fazer anteriormente. Mas restou algo como uma certeza que ainda não podia ser fundamentada, a certeza de que os impulsos não poderiam ser todos da mesma espécie. Dei o passo seguinte em *Além do princípio de prazer* (1920), quando pela primeira vez me dei conta da compulsão à repetição e do caráter conservador da vida impulsional. Partindo de paralelos biológicos e de especulações sobre o começo da vida, extraí a conclusão de que, além do impulso de conservar a substância vivente e aglomerá-la em unidades sempre maiores[33], deveria existir um outro que lhe fosse oposto, que se esforça por dissolver essas unidades e reduzi-las ao estado primordial, inorgânico. Portanto, além de eros, um impulso de morte; a partir da ação conjunta e contraposta de ambos, os fenômenos da vida poderiam ser explicados. Mas não era fácil demonstrar a atividade desse suposto impulso de morte. As expressões de eros eram bastante chamativas e ruidosas; podia-se supor que, calado no íntimo do ser vivo, o impulso de morte trabalhava em sua dissolução, mas isso obviamente não era prova alguma. Mais longe nos levou a ideia de que uma parcela do impulso se volta contra o mundo exterior e então se mostra como impulso de agressão e destruição. Assim, o impulso seria inclusive forçado ao serviço de eros, na medida em que o ser vivo aniquila outras coisas, animadas ou inanimadas, em vez de a si mesmo. Inversamente, os limites impostos a essa agressão dirigida ao exterior teriam de intensificar a autodestruição, aliás sempre presente. Ao mesmo tempo, foi possível supor a partir desse exemplo que as duas espécies de impulsos raramente – talvez jamais – se apresentavam separadas uma da outra, mas que se ligavam em proporções diferentes, muito variáveis, desta maneira tornando o nosso juízo irreconhecível. No sadismo, conhecido há muito como impulso parcial da sexualidade, estaríamos diante de uma dessas ligas especialmente fortes do anseio amoroso com o impulso destrutivo, e no seu oposto, o masoquismo, diante de uma ligação entre a destruição dirigida

---

33. A oposição que surge entre a incansável tendência expansiva de eros e a natureza em geral conservadora dos impulsos chama a atenção e pode se tornar o ponto de partida de questionamentos posteriores.

para o interior e a sexualidade, ligação que torna notória e palpável essa aspiração habitualmente imperceptível.

A hipótese de um impulso de morte ou de destruição encontrou resistência mesmo nos círculos analíticos; sei que muitas vezes existe a tendência a atribuir tudo o que se encontra de perigoso e de hostil no amor a uma bipolaridade original de sua própria essência. De início, defendi as concepções aqui desenvolvidas apenas experimentalmente, mas com o passar do tempo elas adquiriram tal poder sobre mim que não posso mais pensar de outro modo. Julgo que são muito mais úteis teoricamente do que quaisquer outras possíveis; produzem aquela simplificação, sem negligência ou violação dos fatos, a que aspiramos no trabalho científico. Reconheço que no sadismo e no masoquismo sempre vimos diante de nós, fortemente ligadas ao erotismo, as expressões do impulso de destruição dirigido para fora e para dentro, mas não entendo mais que tenhamos ignorado e descuidado da ubiquidade da agressão e da destruição não eróticas, que não lhe tenhamos concedido o devido lugar na interpretação da vida. (Quando não é tingida eroticamente, a tendência destrutiva voltada para dentro escapa quase sempre à percepção.) Recordo-me de minha própria resistência quando a ideia do impulso destrutivo surgiu pela primeira vez na literatura psicanalítica, e do quanto demorou até que me tornasse receptivo a ela. Que outros mostrassem e ainda mostrem a mesma rejeição me surpreende menos. Pois as criancinhas não gostam de ouvir falar[34] da tendência inata do ser humano para o "mal", para a agressão, para a destruição e, assim, também para a crueldade. Afinal, Deus as criou à imagem e semelhança de sua própria perfeição, e não querem ser lembradas do quanto é difícil conciliar – apesar dos protestos da Ciência Cristã – a inegável existência do mal com a onipotência ou a infinita bondade de Deus. O Diabo seria o melhor

---

34. Goethe, "A balada do conde que foi expulso e voltou". (N.T.)

expediente para desculpar Deus, ele assumiria o mesmo papel economicamente aliviante que o judeu no mundo do ideal ariano. Mas mesmo então pode-se pedir contas a Deus tanto pela existência do Diabo quanto pela existência do mal que este corporifica. Face a essas dificuldades, é aconselhável que cada um, em lugar apropriado, faça uma profunda reverência diante da natureza profundamente moral do homem; isso ajuda a obter a estima geral e faz com que se seja desculpado por muitas coisas.[35]

A denominação de libido pode ser empregada outra vez para as manifestações da força de eros, a fim de distingui-las da energia do impulso de morte.[36] Isso significa admitir que se torna tanto mais difícil para nós compreender o impulso de morte, que o percebemos apenas como resíduo, por assim dizer, atrás de eros, e que nos escapa lá onde não é revelado graças à liga com este. No sadismo, em que o impulso de morte torce a meta erótica a seu favor, ao mesmo tempo em que satisfaz completamente o anseio sexual, obtemos a mais clara visão de sua natureza e de suas relações com eros. Mas mesmo onde ele aparece sem propósitos sexuais, até na mais cega fúria destrutiva, é impossível ignorar que sua satisfação está ligada a um gozo narcísico extraordinariamente alto, na medida em que essa satisfação mostra ao eu o cumprimento

---

35. No Mefistófeles de Goethe é especialmente convincente a identificação do princípio mau com o impulso destrutivo: "Pois tudo o que nasce, / É digno de que pereça. (...) / O que chamais de pecado / E destruição, em suma, o mal, / Eis meu elemento ideal." O Diabo não designa o sagrado, o bem, como seu adversário, mas a força da natureza para gerar, para multiplicar a vida, portanto, eros. "Seja na água, na terra ou mesmo nos ares, / Os brotos surgem aos milhares, / No seco, no úmido, no quente ou no frio! / Sem reservar a chama para mim, / Eu não seria quem sou, seria o meu fim." *Fausto*, I, 3.
36. Nossa concepção atual pode ser expressa aproximadamente assim: a libido participa de todas as manifestações dos impulsos, mas nem tudo nelas é libido.

de seus antigos desejos de onipotência. Contido e domado, por assim dizer inibido em sua meta, o impulso destrutivo, dirigido aos objetos, é forçado a proporcionar ao eu a satisfação de suas necessidades vitais e o domínio sobre a natureza. Visto que a hipótese desse impulso repousa essencialmente sobre fundamentos teóricos, é preciso admitir que ela também não se encontra inteiramente a salvo de objeções teóricas. É assim, contudo, que nos parecem as coisas no estado atual de nossos conhecimentos; pesquisas e reflexões futuras certamente trarão a clareza decisiva.

Para tudo o que segue, portanto, assumo o ponto de vista de que a inclinação agressiva do ser humano é uma disposição de impulsos original, independente, e volto a afirmar que a cultura encontra nessa inclinação o seu mais poderoso empecilho. Num determinado ponto desta investigação, impôs-se a nós a ideia de que a cultura é um processo peculiar experimentado pela humanidade, e ainda nos encontramos sob o fascínio dessa compreensão. Acrescentamos que a cultura é um processo a serviço de eros, que deseja reunir indivíduos humanos isolados, depois famílias, então tribos, povos e nações em uma grande unidade, a humanidade. Não sabemos por que isso tem de acontecer; essa é precisamente a obra de eros. Essas multidões humanas devem ser ligadas libidinalmente entre si; somente a necessidade e as vantagens da comunidade de trabalho não as manteriam unidas. Mas o natural impulso agressivo do homem, a hostilidade de cada um contra todos e de todos contra cada um, se opõe a esse programa da cultura. Esse impulso agressivo é o derivado e o principal representante do impulso de morte que encontramos ao lado de eros e que divide com este o domínio do mundo. E agora, creio, o sentido do desenvolvimento cultural não nos é mais obscuro. Ele tem de nos mostrar a luta entre eros e a morte, entre o impulso de vida e o impulso destrutivo, tal como ocorre na espécie humana. Essa luta é o conteúdo essencial da vida, e por isso o desenvolvimento cultural pode ser caracterizado sucintamente como a luta da espécie humana pela vida.[37] E nossas babás querem apaziguar essa luta de gigantes com a "cantiga de ninar a respeito do céu"![38]

---

37. Provavelmente com a seguinte definição adicional: tal como essa luta teve de se configurar a partir de certo acontecimento ainda não descoberto.
38. Heine, *Alemanha, um conto de inverno*, capítulo I. (N.T.)

VII

Por que nossos parentes, os animais, não exibem uma luta cultural semelhante? Oh, nós não sabemos. É muito provável que alguns deles, como as abelhas, as formigas e os cupins, tenham lutado por milhares de anos até encontrar essas instituições estatais, essa divisão de funções e essa limitação dos indivíduos que hoje neles admiramos. É característico de nossa situação atual o fato de nossos sentimentos nos dizerem que não nos julgaríamos felizes em nenhum desses Estados animais e em nenhum dos papéis neles atribuídos ao indivíduo. Em outras espécies, é possível que se tenha chegado a um equilíbrio temporário entre os impulsos que nelas travam combate e as influências do ambiente, e assim, a uma cessação do desenvolvimento. No caso do homem primitivo, uma nova investida da libido pode ter atiçado uma renovada oposição do impulso destrutivo. Há muitas perguntas para as quais ainda não temos resposta.

Há uma outra pergunta mais fácil. De que meios se serve a cultura para refrear a agressão que a ela se opõe, para neutralizá-la, talvez eliminá-la? Já tomamos conhecimento de alguns desses métodos, mas não daquele que é aparentemente o mais importante. Podemos estudá-lo na história do desenvolvimento do indivíduo. O que acontece com ele para neutralizar sua agressividade? Algo muito notável que não teríamos imaginado, mas que é muito fácil de compreender. A agressão é introjetada, interiorizada, na verdade mandada de volta à sua origem, ou seja, dirigida contra o próprio eu. Ali ela é assumida por uma parcela do eu que se opõe ao restante na condição de supereu, e que então, como "consciência moral", exerce sobre o eu a mesma agressão severa que este teria gostado de satisfazer à custa de outros indivíduos. Chamamos de consciência de culpa a tensão entre o supereu severo e o eu submetido a ele; ela se exprime como necessidade de punição. Assim, a cultura domina a perigosa agressividade do indivíduo ao enfraquecê-lo, desarmá-lo e vigiá-lo através de uma instância em seu interior, do mesmo modo que uma tropa de ocupação na cidade conquistada.

O modo de pensar do analista acerca da origem do sentimento de culpa é diferente do habitual entre os psicólogos; também para ele não será fácil prestar contas a respeito. De início, quando se pergunta como alguém chega a ter um sentimento de culpa, recebe-se uma resposta que não se pode refutar: alguém se sente culpado (os devotos dizem: pecador) quando fez algo que reconhece como "mau". Mas logo se percebe o pouco que essa resposta oferece. Talvez, depois de hesitar um pouco, se acrescente que também aquele que não tenha feito mal algum, mas que reconhece em si meramente a intenção de fazê-lo, pode se considerar culpado; e então se perguntará por que o propósito tem aí o mesmo valor que a realização. Ambos os casos, porém, pressupõem que já se tenha reconhecido o mal como reprovável, como algo que não deve ser feito. Como se chega a essa decisão? A existência de um discernimento original, natural, por assim dizer, entre o bem e o mal, deve ser recusada. Com frequência, o mal não é de modo algum aquilo que é prejudicial ou perigoso para o eu, mas, ao contrário, também algo que ele deseja e lhe dá prazer. Mostra-se aí, portanto, uma influência desconhecida; ela determina o que deve ser chamado de bom e de mau. Visto que sua própria sensibilidade não teria levado o homem por esse caminho, ele deve ter um motivo para se submeter a essa influência desconhecida. É fácil descobri-lo no seu desamparo e na sua dependência em relação aos outros, e a sua melhor designação é a de medo da perda do amor. Se o indivíduo perde o amor do outro, do qual depende, também perde a proteção contra muitos perigos, e se expõe, sobretudo, ao risco de que esse outro prepotente lhe mostre sua superioridade em forma de punição. Inicialmente, portanto, o mal é aquilo pelo que se é ameaçado com a perda do amor; por medo dessa perda é preciso evitá-lo. Por essa razão, também pouco importa que já se tenha feito o mal ou que apenas se queira fazê-lo; em ambos os casos, o perigo somente surge quando a autoridade o descobre, e em ambos ela se comportaria do mesmo modo.

Esse estado é chamado de "má consciência", ainda que na verdade não mereça tal nome, pois é evidente que nesse estágio a consciência de culpa é apenas medo da perda do amor, medo "social". No caso da criança, jamais pode ser alguma outra coisa, mas também no caso de muitos adultos nada se modifica senão o fato de que o pai, ou ambos os pais, são substituídos pela comunidade humana maior. Por isso, os adultos normalmente apenas se permitem fazer o mal que lhes promete vantagens quando estão seguros de que a autoridade nada saiba a respeito ou que nada lhes poderá fazer, e o seu único medo é o de serem descobertos.[39] A sociedade de nossos dias precisa contar, de um modo geral, com esse estado.

Uma grande modificação só acontece quando a autoridade é interiorizada por meio da instauração de um supereu. Os fenômenos da consciência moral são com isso elevados a um novo patamar; no fundo, só então se deveria falar de consciência

---

39. Pense-se no famoso mandarim de Rousseau! [O motivo também foi aproveitado por Eça de Queiroz: "No fundo da China existe um mandarim mais rico que todos os reis de que a fábula ou a história contam. Dele nada conheces, nem o nome, nem o semblante, nem a seda de que se veste. Para que tu herdes os seus cabedais infindáveis, basta que toques essa campainha, posta a teu lado, sobre um livro. Ele soltará apenas um suspiro, nesses confins da Mongólia. Será então um cadáver: e tu verás a teus pés mais ouro do que pode sonhar a ambição de um avaro. Tu, que me lês e és um homem mortal, tocarás tu a campainha?". *O mandarim*, L&PM POCKET nº 169. N.T.]

moral e de sentimento de culpa.[40] Agora também deixam de existir o medo de ser descoberto e, inteiramente, a distinção entre fazer o mal e desejá-lo, pois nada pode ser escondido do supereu, nem sequer os pensamentos. A seriedade real da situação sem dúvida passou, pois a nova autoridade, o supereu, não tem, segundo acreditamos, nenhum motivo para maltratar o eu, ao qual está estreitamente ligado. Mas a influência da gênese, que mantém vivo o que passou e foi superado, se manifesta no fato de que, no fundo, as coisas permanecem tais como eram de início. O supereu atormenta o eu pecador com os mesmos sentimentos de medo, e fica à espreita de ocasiões para fazer com que seja punido pelo mundo exterior.

Neste segundo nível de desenvolvimento, a consciência moral apresenta uma peculiaridade que era estranha ao primeiro e que não é fácil de explicar. Ela se comporta com uma severidade e uma desconfiança tanto maiores quanto mais virtuoso for o indivíduo, de modo que, no fim, justamente aqueles que foram mais longe na santidade se acusam da pior pecaminosidade. Assim, a virtude perde uma parcela da recompensa que lhe foi prometida, o eu submisso e abstinente não goza da confiança de seu mentor e se esforça em vão, segundo parece, para obtê-la. Neste ponto se estará disposto a objetar que essas são dificuldades produzidas artificialmente. A consciência moral mais severa e mais vigilante seria precisamente o traço característico do homem moral, e se os santos se fazem passar por pecadores, isso não ocorre sem razão caso se considerem as tentações de satisfazer os impulsos às quais estão expostos num grau especialmente elevado, visto que as

---

40. Todo leitor perspicaz compreenderá e levará em conta que nesta exposição resumida distinguimos nitidamente aquilo que na realidade ocorre em transições fluidas, que não se trata apenas da existência de um supereu, mas de sua força e esfera de influência relativas. Tudo o que até aqui referimos sobre a consciência moral e a culpa é, na verdade, de conhecimento geral e quase incontestável.

tentações, como se sabe, só fazem aumentar por meio da frustração constante, enquanto a satisfação ocasional as enfraquece, pelo menos temporariamente. Um outro fato do âmbito da ética, tão rico em problemas, é o do infortúnio, ou seja, uma frustração exterior, estimular com tamanha intensidade o poder da consciência moral no supereu. Enquanto as coisas vão bem para o indivíduo, sua consciência moral é branda e permite ao eu fazer de tudo; quando uma desgraça o atinge, ele faz um exame de sua conduta, reconhece sua pecaminosidade, eleva as exigências de sua consciência moral, impõe-se abstinências e se pune com penitências.[41] Povos inteiros se comportaram e ainda se comportam dessa maneira. Mas isso se explica facilmente pelo estágio infantil original da consciência moral, estágio que, portanto, não é abandonado depois da introjeção no supereu, mas que continua a existir ao lado e atrás dessa introjeção. O destino é visto como substituto da instância parental; quando se é atingido pela desgraça, isso significa que não se é mais amado por esse poder supremo, e, ameaçado por essa perda de amor, o indivíduo se curva novamente diante do representante parental no supereu, representante que se quis negligenciar enquanto se era feliz. Isso se torna especialmente claro quando, num sentido estritamente religioso, se reconhece no destino apenas a expressão da vontade divina. O povo de Israel se considerava o filho predileto de Deus, e quando o grande pai permitiu que uma desgraça após a outra se abatesse sobre seu povo, este não perdeu a confiança nessa relação nem duvidou do poder e da justiça divinos, mas produziu os profetas, que censuraram sua pecaminosidade, e criou, a partir de

---

41. Esse fomento da moral por meio do infortúnio é abordado por Mark Twain numa deliciosa historieta, "A primeira melancia que roubei". Por acaso, essa primeira melancia estava verde. Ouvi o próprio Mark Twain contar essa historieta. Depois de anunciar seu título, ele fez uma pausa e se perguntou, como se tivesse dúvidas: *Was it the first?* ("Foi a primeira?"). Mas com isso ele disse tudo. A primeira, portanto, não foi a única.

sua consciência de culpa, os preceitos extremamente rigorosos de sua religião sacerdotal. Como é diferente o comportamento do homem primitivo! Quando é atingido pela desgraça, ele não atribui a culpa a si mesmo, mas ao fetiche, que evidentemente não cumpriu seus deveres, e trata de espancá-lo em vez de punir a si próprio.

Conhecemos, portanto, duas origens do sentimento de culpa: o medo da autoridade e o posterior medo do supereu. O primeiro obriga a renunciar à satisfação de impulsos; o segundo, além disso, compele à punição, visto que não se pode esconder do supereu a persistência dos desejos proibidos. Também ficamos sabendo sobre como pode ser entendida a severidade do supereu, ou seja, a exigência da consciência moral. Ela simplesmente continua o rigor da autoridade externa, cujo lugar ocupa e que substitui parcialmente. Agora vemos a relação que existe entre a renúncia aos impulsos e a consciência de culpa. Originalmente, a renúncia aos impulsos é a consequência do medo da autoridade externa; renuncia-se a satisfações para não perder o amor dessa autoridade. Uma vez efetuada essa renúncia, está-se quite com a autoridade, por assim dizer, e não deveria restar nenhum sentimento de culpa. É diferente no caso do medo do supereu. Aí a renúncia aos impulsos não basta, pois o desejo continua existindo e não é possível escondê-lo do supereu. Assim, apesar da renúncia efetuada, surge um sentimento de culpa, e essa é uma grande desvantagem econômica da instauração do supereu, ou, como se pode dizer, da formação da consciência moral. A renúncia aos impulsos não tem mais qualquer efeito totalmente libertador, a abstenção virtuosa não é mais recompensada com a garantia do amor, e a infelicidade que ameaça de fora – a perda do amor e a punição por parte da autoridade externa – foi trocada por uma infelicidade interior permanente, a tensão da consciência de culpa.

Essa situação é tão emaranhada e ao mesmo tempo tão importante que, apesar do risco de repetições, ainda gostaria de abordá-la a partir de outro ângulo. A sequência temporal seria, portanto, a seguinte: em primeiro lugar, renúncia aos impulsos em consequência do medo da agressão da autoridade *externa* – é esse o resultado do medo de perder o amor; o amor protege dessa agressão punitiva –, e, em seguida, instauração da autoridade *interna* e renúncia aos impulsos em consequência do medo dela, o medo da consciência moral.[42] No segundo caso, ocorre uma equiparação entre ações más e intenções más, o que resulta em consciência de culpa e necessidade de punição. A agressão da consciência moral conserva a agressão da autoridade. Até aqui as coisas devem ter ficado claras; mas onde há lugar para a influência do infortúnio (da renúncia imposta de fora) no reforço da consciência moral, para a sua extraordinária severidade nos melhores e mais obedientes indivíduos? Já explicamos essas duas particularidades da consciência moral, mas possivelmente restou a impressão de que essas explicações não chegam ao fundo da questão, de que deixam um resto sem explicar. E aqui entra finalmente uma ideia que é exclusiva da psicanálise e estranha ao modo usual de pensar das pessoas. Essa ideia é de tal natureza que nos permite compreender por que nosso assunto teve de parecer tão enredado e impenetrável. De acordo com ela, inicialmente a consciência moral (dito com mais exatidão: o medo que mais tarde se transforma em consciência moral) é sem dúvida a causa da renúncia aos impulsos, mas depois a relação se inverte. Cada renúncia a um impulso se transforma então numa fonte dinâmica da consciência moral, cada nova renúncia aumenta sua severidade e sua intolerância, e, se pudéssemos harmonizar isso melhor com a história que conhecemos da origem da

---

42. "Medo da consciência moral": tradução literal de *Gewissensangst*, "escrúpulos", "remorsos". (N.T.)

consciência moral, estaríamos tentados a nos declarar partidários da seguinte tese paradoxal: a consciência moral é o resultado da renúncia aos impulsos; ou: a renúncia aos impulsos (que nos é imposta de fora) cria a consciência moral, que então exige mais e mais renúncias.

Na verdade, não há uma contradição tão grande entre essa tese e a referida gênese da consciência moral, e vemos uma forma de torná-la ainda menor. A fim de facilitar a exposição, tomemos o exemplo do impulso agressivo e suponhamos que se trata, nesse quadro, sempre da renúncia à agressão. Essa deve ser, obviamente, apenas uma suposição provisória. Assim, o efeito da renúncia aos impulsos sobre a consciência moral ocorre de tal maneira que cada parcela de agressão que nos recusamos a satisfazer é assumida pelo supereu e aumenta a sua agressão (contra o eu). Não se harmoniza muito bem com isso o fato de a agressão original da consciência moral ser a continuação da severidade da autoridade externa, ou seja, de nada ter a ver com renúncia. Essa desarmonia é eliminada, porém, se supusermos uma outra derivação para esse primeiro provimento de agressão do supereu. Contra a autoridade que impede à criança as primeiras satisfações, que são também as mais significativas, deve ter se desenvolvido nesta um grau considerável de inclinação agressiva, pouco importando de que tipo foram as renúncias exigidas. Forçosamente, a criança teve de renunciar à satisfação dessa agressão vingativa. Ela sai dessa difícil situação econômica por meio de mecanismos conhecidos, incorporando mediante identificação essa autoridade inatacável, que então se transforma no supereu e toma posse de toda a agressão que a criança teria gostado de exercer contra ela. O eu da criança tem de se contentar com o triste papel da autoridade – do pai – assim rebaixada. É uma inversão da situação, como ocorre com tanta frequência. "Se eu fosse o pai e você a criança, eu te trataria mal." A relação entre o supereu e o eu constitui o retorno, deformado pelo desejo, das relações reais entre o eu ainda não dividido e um objeto externo. Isso também é típico. A diferença essencial, porém, é que a severidade original do supereu não é – ou não é tanto – aquela que se experimentou da parte desse objeto externo ou que a ele se atribui, mas que ela representa a própria agressão do eu contra o objeto externo. Se isso for correto, pode-se realmente afirmar que a consciência moral surgiu em consequência da repressão de uma agressão e se reforça posteriormente por meio de novas repressões desse tipo.

Qual dessas duas concepções é a correta? A primeira, que nos parecia tão inatacável geneticamente, ou a última, que arredonda a teoria de uma maneira tão bem-vinda? Evidentemente ambas estão justificadas, o que também é confirmado pela observação direta; elas não entram em conflito e inclusive coincidem num ponto, pois a agressão vingativa da criança também será determinada pela medida de agressão punitiva que espera do pai. A experiência, porém, mostra que a severidade do supereu que uma criança desenvolve não reproduz de forma alguma a severidade do tratamento que ela própria experimentou.[43] Ela surge independentemente dele; com uma educação bastante branda, uma criança pode adquirir uma consciência moral muito severa. Mas também seria incorreto exagerar essa independência; não é difícil se convencer de que a severidade da educação também exerce uma forte influência sobre a formação do supereu infantil. O resultado é que fatores constitucionais herdados e influências do meio atuam em conjunto na formação do supereu e na origem da consciência moral, o que não é de modo algum

---

43. Segundo foi acentuado corretamente por Melanie Klein e outros autores.

surpreendente, antes a condição etiológica geral de todos os processos desse tipo.[44]

Também é possível afirmar que quando a criança reage às primeiras grandes frustrações dos impulsos com uma agressão excessiva e uma correspondente severidade do supereu, ela segue aí um modelo filogenético e vai além da reação atualmente justificada, pois o pai da pré-história certamente era terrível, e a ele se devia atribuir a medida mais extrema de agressão. Assim, as diferenças entre as duas concepções da gênese da consciência moral diminuem ainda mais quando se passa da história do desenvolvimento individual para a do filogenético. Em compensação, mostra-se uma nova e significativa diferença nesses dois processos. Não podemos prescindir da hipótese de que o sentimento de culpa da humanidade provém do complexo de Édipo e que foi adquirido por ocasião do assassinato do pai pela associação dos irmãos.[45] Naquele tempo, uma agressão não foi reprimida, mas executada, a mesma agressão cuja repressão supomos que seja a fonte do sentimento de culpa na criança. Neste ponto, eu não me espantaria se um leitor exclamasse irritado: "Então é completamente indiferente se matamos o pai ou não, de qualquer modo arranjamos um sentimento de culpa! Devemos nos permitir

---

44. A propósito do estudo de Aichhorn sobre o abandono, Franz Alexander apreciou com exatidão em *Psicanálise da personalidade integral* (1927) os dois principais tipos de métodos patogênicos de educação: o rigor excessivo e a complacência. O pai "excessivamente brando e indulgente" dará ocasião para a formação de um supereu demasiado rigoroso na criança, pois, sob a influência do amor que recebe, ela não encontrará outra saída para sua agressão senão voltá-la para dentro. No caso da criança desamparada, que é criada sem amor, inexiste tensão entre o eu e o supereu; toda a sua agressão pode se voltar para fora. Assim, se não considerarmos um fator constitucional que cabe admitir, pode-se dizer que a consciência moral severa surge da ação conjunta de duas influências da vida: a frustração dos impulsos, que desencadeia a agressão, e a experiência do amor, que volta essa agressão para dentro e a transfere ao supereu.

45. Cf. *Totem e tabu*, capítulo IV. (N.R.)

algumas dúvidas quanto a isso. Ou é falso que o sentimento de culpa provém de agressões reprimidas, ou toda a história do parricídio é uma ficção, e os filhos dos homens primitivos não mataram seus pais com mais frequência do que os filhos de hoje em dia costumam fazê-lo. Aliás, se não for uma ficção, mas um fato histórico plausível, estaríamos diante de um caso em que acontece o que todo mundo espera, ou seja, que a pessoa se sinta culpada por ter realmente feito algo injustificável. E para esse caso, que, de qualquer modo, acontece todos os dias, a psicanálise ficou nos devendo uma explicação."

Isso é verdade e precisa ser reparado. Além disso, não se trata de nenhum grande segredo. Quando se fica com um sentimento de culpa após e em razão de um ato cometido, esse sentimento deveria antes se chamar *arrependimento*. Ele se refere apenas a um ato, e pressupõe, obviamente, que já existia uma *consciência moral*, a disposição para se sentir culpado, antes desse ato. Um arrependimento desses, portanto, em nada nos poderia ajudar a encontrar a origem da consciência moral e do sentimento de culpa em geral. O desenrolar desses casos cotidianos é habitualmente o seguinte: uma necessidade dos impulsos adquiriu a força para impor sua satisfação à consciência moral, cuja força tampouco é ilimitada, e com o natural enfraquecimento da necessidade devido à sua satisfação, a antiga relação de forças é restabelecida. A psicanálise faz bem, portanto, ao excluir dessas discussões o caso do sentimento de culpa que provém do arrependimento, por maiores que sejam a sua frequência e a sua significação prática.

Mas se o sentimento de culpa do ser humano remonta ao assassinato do pai primevo, então se trata de um caso de "arrependimento", e não deveriam ter existido naquele tempo, antes do ato, os pressupostos da consciência moral e do sentimento de culpa? De onde veio o arrependimento nesse caso? Sem dúvida esse caso precisa nos esclarecer o segredo do sentimento de culpa, dar fim aos nossos constrangimentos. E acredito que consegue fazê-lo. Esse arrependimento foi o resultado da primitiva ambivalência de sentimentos em relação ao pai, pois os filhos o odiavam, mas também o amavam; depois que o ódio foi satisfeito por meio da agressão, o amor se manifestou no arrependimento pelo ato, instituiu o supereu por meio da identificação com o pai, conferiu-lhe o poder do pai, como que numa punição pelo ato agressivo cometido contra ele, e criou as restrições que deveriam impedir uma repetição do ato. E visto que a tendência agressiva em relação ao pai se repetiu nas gerações seguintes, o sentimento de culpa continuou existindo e se reforçou de novo por meio de cada agressão reprimida e transferida ao supereu. Agora, acredito, finalmente compreendemos duas coisas com inteira clareza: a participação do amor na origem da consciência moral e a fatídica inevitabilidade do sentimento de culpa. Não é realmente decisivo se alguém matou o pai ou se abriu mão do ato; deve-se sentir culpa em ambos os casos, pois o sentimento de culpa é a expressão do conflito de ambivalência, da luta eterna entre eros e o impulso de destruição ou de morte. Esse conflito é atiçado tão logo seja colocada ao homem a tarefa da convivência; enquanto essa comunidade apenas conhece a forma da família, tal conflito tem de se expressar no complexo de Édipo, instituir a consciência moral e produzir o primeiro sentimento de culpa. Quando se tenta uma ampliação dessa comunidade, o mesmo conflito prossegue em formas que são dependentes do passado, se intensifica e tem como consequência mais um aumento do sentimento de culpa. Visto que a cultura obedece a um ímpeto erótico interno que lhe ordena reunir os seres humanos numa massa intimamente coesa, essa meta só pode ser alcançada por meio de um reforço sempre crescente do sentimento de culpa. O que começou em relação ao pai se consuma em relação à massa. Se a cultura for o desenvolvimento necessário da família até a humanidade, então a escalada do sentimento de culpa, talvez até alturas que o indivíduo acha dificilmente suportáveis, está ligada à cultura de maneira indissolúvel, como consequência do conflito inato de ambivalência, como consequência da eterna disputa entre o amor e o anseio de morte. Isso faz lembrar da comovente acusação do grande poeta aos "poderes celestes":

> Vós nos conduzis vida adentro,
> Deixais a pobre criatura tornar-se culpada,
> Então a abandonais ao tormento,
> Pois nesta Terra toda culpa é vingada.[46]

E bem podemos suspirar por saber que é dado a alguns homens extrair do torvelinho de seus próprios sentimentos, sem muito esforço, as mais profundas compreensões, até as quais temos de abrir caminho em meio à incerteza torturante e mediante um tatear infatigável.

---

46. Goethe, numa das canções do harpista em *Os anos de aprendizado de Wilhelm Meister* (livro II, cap. 13).

VIII

AO CHEGAR AO FIM DESTE CAMINHO, o autor precisa pedir desculpas a seus leitores por não ter sido um guia mais competente, por não lhes ter poupado a experiência de trechos desolados e desvios cansativos. Não resta dúvida de que isso pode ser feito melhor. Quero tentar, agora, remediar um pouco essa situação.

Em primeiro lugar, suponho nos leitores a impressão de que as discussões acerca do sentimento de culpa extrapolam os limites deste ensaio ao ocupar muito espaço e empurrar para as margens o restante de seu conteúdo, com o qual nem sempre mantêm uma ligação estreita. Isso pode ter prejudicado a construção do ensaio, mas corresponde plenamente ao propósito de apresentar o sentimento de culpa como o problema mais importante no desenvolvimento da cultura e de demonstrar que o preço do progresso cultural é pago com a perda de felicidade devida à intensificação do sentimento de culpa.[47] O que ainda soa estranho nesse enunciado, que é o resultado final de nossa investigação, provavelmente pode ser atribuído à

---

47. "E assim a consciência faz covardes a todos nós..." (*Hamlet*, III, 1).
O fato de a educação atual ocultar ao jovem o papel que a sexualidade representará em sua vida não é a única censura que se lhe deve fazer. Ela também peca ao não prepará-lo para a agressão de que ele está destinado a ser objeto. Ao lançar os jovens na vida com uma orientação psicológica tão incorreta, a educação procede como se munisse com roupas de verão e mapas dos lagos do norte da Itália pessoas que farão uma expedição polar. Torna-se claro, aí, um certo abuso das exigências éticas. O rigor dessas exigências não causaria grandes danos se a educação dissesse: "É assim que as pessoas deveriam ser para se tornarem felizes e fazerem felizes as outras; mas é preciso contar com o fato de que não são assim". Em vez disso, deixa-se o jovem acreditar que todos os outros cumprem os preceitos éticos, ou seja, que são virtuosos. Com isso se fundamenta a exigência de que ele também o seja.

relação bastante singular, ainda de todo incompreendida, do sentimento de culpa com a nossa consciência.[48] Nos casos ordinários de arrependimento, por nós considerados normais, o sentimento de culpa se torna perceptível à consciência com bastante clareza; estamos acostumados, aliás, a dizer "consciência de culpa" em vez de "sentimento de culpa". Do estudo das neuroses, ao qual devemos as mais valiosas indicações para a compreensão da normalidade, resulta um quadro contraditório. Numa dessas afecções, a neurose obsessiva, o sentimento de culpa se impõe ruidosamente à consciência, domina tanto o quadro clínico quanto a vida do doente e quase não permite que surjam outros elementos a seu lado. Mas, na maioria dos outros casos e formas de neurose, o sentimento de culpa permanece inteiramente inconsciente, sem que por isso seus efeitos sejam menores. Os doentes não acreditam em nós quando lhes atribuímos um "sentimento inconsciente de culpa"; para que nos entendam pelo menos em parte, lhes falamos de uma necessidade inconsciente de punição em que o sentimento de culpa se expressa. Mas a relação com a forma de neurose não deve ser supervalorizada; mesmo na neurose obsessiva há tipos de doentes que não percebem seu sentimento de culpa ou que apenas o sentem como um mal-estar opressivo, uma espécie de angústia[49], quando são impedidos de realizar determinadas ações. Essas coisas finalmente deverão ser compreendidas um dia; por enquanto, não podemos fazê-lo. Talvez seja bem-vinda aqui a observação de que o sentimento de culpa não é outra coisa, no fundo, senão uma variedade tópica da angústia; em

---

48. Aqui se trata da "consciência psicológica" (*Bewusstsein*) e não da "consciência moral" (*Gewissen*) tantas vezes referida anteriormente. (N.T.)

49. Este parágrafo oferece uma das raríssimas ocasiões em que parece justificado verter *Angst* por "angústia". Em quase todas as outras ocorrências do termo, a melhor tradução é, simplesmente, "medo", tal como ocorre na expressão *Angst vor dem Über-Ich* ("medo do supereu"), poucas linhas abaixo. (N.T.)

suas fases posteriores, ele coincide inteiramente com o *medo do supereu*. E, no caso da angústia, mostram-se as mesmas variações extraordinárias na sua relação com a consciência. De algum modo, a angústia está por detrás de todos os sintomas, mas ora monopoliza ruidosamente a consciência, ora se esconde tão completamente que somos forçados a falar de angústia inconsciente ou – caso queiramos ter uma consciência moral mais limpa em relação a essas questões psicológicas, visto que a angústia, antes de tudo, é apenas uma sensação – de possibilidades de angústia. Por isso, é perfeitamente imaginável que a consciência de culpa gerada pela cultura também não seja reconhecida como tal, que permaneça em sua maior parte inconsciente ou apareça como um mal-estar, uma insatisfação, para os quais se busca outras motivações. As religiões, pelo menos, nunca ignoraram o papel do sentimento de culpa na cultura. Elas inclusive têm a pretensão, o que não apreciei em outra parte[50], de redimir a humanidade desse sentimento de culpa, que chamam de pecado. Do modo como essa redenção é alcançada no cristianismo, por meio da morte sacrificial de um indivíduo, que assim toma sobre si uma culpa comum a todos, extraímos inclusive uma conclusão acerca do que pode ter sido a primeira ocasião em que se adquiriu essa culpa primordial, com a qual também a cultura teve o seu início.[51]

Pode não ser muito importante, mas não será supérfluo que esclareçamos o significado de alguns termos como supereu, consciência moral, sentimento de culpa, necessidade de punição e arrependimento, que talvez tenhamos usado com frequência de modo muito frouxo e intercambiável. Todos dizem respeito ao mesmo quadro, porém designam aspectos diferentes do mesmo. O supereu é uma instância inferida por nós; a consciência moral é uma função que, entre outras, lhe

---

50. Refiro-me a *O futuro de uma ilusão*.
51. *Totem e tabu* (1912-1913).

atribuímos, e que tem de vigiar e julgar os atos e as intenções do eu; ela exerce uma atividade censora. O sentimento de culpa, o rigor do supereu, é, portanto, a mesma coisa que a severidade da consciência moral, é a percepção reservada ao eu de ser vigiado dessa maneira, a avaliação da tensão entre suas aspirações e as exigências do supereu; e o medo dessa instância crítica, que está na base de toda essa relação, a necessidade de punição, é uma manifestação dos impulsos do eu, que se tornou masoquista sob a influência do supereu sádico, ou seja, que usa uma parcela do impulso existente nele para a destruição interna numa relação erótica com o supereu. Não se deveria falar da consciência moral antes que se pudesse demonstrar um supereu; quanto à consciência de culpa, é preciso admitir que é anterior ao supereu e, portanto, também anterior à consciência moral. A consciência de culpa, então, é a expressão imediata do medo da autoridade externa, o reconhecimento da tensão entre o eu e esta última, o derivado direto do conflito entre a necessidade do amor dessa autoridade externa e o ímpeto que busca a satisfação dos impulsos, cuja inibição gera a tendência à agressão. A sobreposição dessas duas camadas do sentimento de culpa – por medo da autoridade externa e por medo da autoridade interna – dificultou significativamente nossa compreensão das relações da consciência moral. O arrependimento é uma designação geral para a reação do eu num caso de sentimento de culpa; contém o material de sensações, pouco transformado, da angústia ativa em segundo plano, é ele mesmo uma punição e pode incluir a necessidade de punição; também o arrependimento, portanto, pode ser mais antigo que a consciência moral.

Também não fará mal algum apresentarmos outra vez as contradições que por um momento nos confundiram durante nossa investigação. Num momento, o sentimento de culpa seria a consequência de agressões não efetuadas, porém noutro, e justamente em seu começo histórico – o parricídio –, seria a consequência de uma agressão executada. Também para essa dificuldade encontramos a solução. A instauração da autoridade interna, o supereu, mudou o quadro radicalmente. Antes, o sentimento de culpa coincidia com o arrependimento; observamos aí que a denominação de arrependimento deve ser reservada para a reação que sucede a efetiva realização do ato agressivo. Posteriormente, devido à onisciência do supereu, a diferença entre o intento de agredir e a agressão consumada perdeu sua força; agora, tanto um ato de violência realmente efetuado – conforme todo mundo sabe – quanto a mera intenção – conforme a psicanálise descobriu – podem produzir um sentimento de culpa. Apesar da modificação da situação psicológica, o conflito de ambivalência dos dois impulsos primordiais deixa o mesmo efeito. É tentador buscar aí a solução do enigma da relação variável entre o sentimento de culpa e a consciência. O sentimento de culpa motivado pelo arrependimento por uma ação má teria de ser sempre consciente; aquele motivado pela percepção do impulso [*Impuls*] mau poderia permanecer inconsciente. Só que não é tão simples assim; a neurose obsessiva contradiz isso energicamente. A segunda contradição residia no fato de uma concepção defender que a energia agressiva de que imaginamos dotado o supereu apenas prolonga a energia punitiva da autoridade externa e conserva essa energia na vida psíquica, enquanto outra concepção julga que se trata antes da agressão do próprio indivíduo que não chegou a ser utilizada e é dirigida contra essa autoridade inibidora. A primeira concepção parecia se ajustar melhor à história; a segunda, à teoria do sentimento de culpa. Uma reflexão mais minuciosa apagou quase por demais a oposição aparentemente inconciliável; restou como essencial e comum a ambas concepções que se trata de uma agressão voltada para dentro. A observação clínica, por outro lado, permite de fato distinguir duas fontes para a agressão atribuída ao supereu; nos casos particulares, uma ou outra exerce o efeito mais intenso, porém em geral atuam em conjunto.

Creio que este seja o lugar de defender a sério uma concepção que há pouco sugeri como hipótese provisória. Na literatura analítica mais recente, mostra-se uma predileção pela ideia de que toda espécie de frustração, toda satisfação dos impulsos que é bloqueada, tem como consequência, ou poderia ter, uma intensificação do sentimento de culpa.[52] Acredito que se obteria uma grande simplificação teórica caso se admitisse isso apenas para os impulsos *agressivos*, e não se encontrará muito que contradiga essa suposição. Pois como deveríamos explicar dinâmica e economicamente que no lugar de uma exigência *erótica* não cumprida surja uma intensificação do sentimento de culpa? Isso apenas parece possível por meio do seguinte rodeio: que o impedimento da satisfação erótica produza uma cota de tendência agressiva contra a pessoa que impede a satisfação e que essa agressão tenha de ser reprimida. Mas, nesse caso, é apenas a agressão que se transforma em sentimento de culpa ao ser reprimida e passada ao supereu. Estou convencido de que poderemos apresentar muitos processos com mais simplicidade e mais clareza se limitarmos aos impulsos agressivos a descoberta da psicanálise sobre a derivação do sentimento de culpa. A averiguação do material clínico não fornece uma resposta inequívoca, pois, de acordo com nosso pressuposto, as duas espécies de impulsos quase nunca se apresentam puras, isoladas uma da outra; a apreciação de casos extremos, porém, provavelmente apontará na direção que espero. Estou tentado a extrair uma primeira vantagem dessa concepção mais rigorosa ao aplicá-la ao processo do recalcamento. Conforme aprendemos, os sintomas das neuroses

---

52. Particularmente em Ernest Jones, Susan Isaacs e Melanie Klein; mas, segundo entendo, também em Reik e Alexander.

são essencialmente satisfações substitutivas para desejos sexuais não realizados. No decorrer do trabalho analítico, aprendemos, para nossa surpresa, que talvez toda neurose encubra uma quantia de sentimento inconsciente de culpa que, por sua vez, fortalece os sintomas ao ser empregada na punição. Agora é fácil formular a seguinte tese: quando uma tendência impulsional sucumbe ao recalcamento, seus elementos libidinais se convertem em sintoma, e seus componentes agressivos, em sentimento de culpa. Mesmo que seja correta apenas numa aproximação média, essa tese merece nosso interesse.

Muitos leitores deste ensaio também estarão com a impressão de que ouviram vezes demais a fórmula da luta entre eros e o impulso de morte. Tal fórmula caracterizaria o processo cultural experimentado pela humanidade, mas também foi relacionada com o desenvolvimento do indivíduo, e, além disso, teria revelado o segredo da vida orgânica em geral. Parece imperioso investigar as relações desses três processos entre si. A repetição dessa mesma fórmula é agora justificada pela consideração de que tanto o processo cultural da humanidade quanto o desenvolvimento do indivíduo também são processos vitais, ou seja, de que ambos têm de tomar parte do caráter mais universal da vida. Por outro lado, justamente por isso a comprovação desse traço comum não contribui em nada para a distinção desses processos entre si enquanto tal distinção não for limitada por meio de condições especiais. Assim, apenas podemos nos tranquilizar com a afirmação de que o processo cultural consiste naquela modificação que o processo vital experimenta sob a influência de uma tarefa colocada por eros e estimulada por ananque – a carência real –, e essa tarefa é a união de seres humanos isolados numa comunidade ligada libidinalmente. Porém, se temos em vista a relação entre o processo cultural da humanidade e o processo de desenvolvimento ou de educação do indivíduo, decidiremos sem muita hesitação que os dois são de natureza muito semelhante, se é que não são o mesmo processo agindo sobre objetos diferentes. Obviamente, o processo cultural da espécie humana é uma abstração de nível mais elevado que o desenvolvimento do indivíduo e, por isso, mais difícil de apreender concretamente, e a busca por analogias não deve ser exagerada de modo compulsivo; porém, visto que as metas são idênticas – num caso, a inclusão de um indivíduo numa massa humana, noutro, a produção de uma unidade de massa composta de muitos indivíduos –, a semelhança dos meios empregados e dos fenômenos resultantes não pode surpreender. Devido ao seu significado extraordinário, não deve continuar sem menção um traço distintivo entre os dois processos. No processo de desenvolvimento do indivíduo, a meta principal é o programa do princípio de prazer, que consiste em obter satisfações que proporcionem felicidade; a inclusão ou a adaptação do indivíduo numa comunidade humana parece uma condição dificilmente evitável a ser preenchida no caminho para a obtenção dessa meta de felicidade. Talvez fosse melhor caso se pudesse prescindir dessa condição. Dito de outro modo: o desenvolvimento individual nos parece um produto da interferência de duas aspirações: a aspiração por felicidade, que chamamos habitualmente de "egoísta", e a aspiração pela união com os outros na comunidade, que chamamos de "altruísta". As duas denominações não vão muito além da superfície. No desenvolvimento individual, segundo dissemos, a ênfase principal recai quase sempre na aspiração egoísta ou de felicidade, enquanto a outra, que se pode chamar de "cultural", se contenta, em regra, com o papel de uma restrição. É diferente no caso do processo cultural; nele, a meta da produção de uma unidade composta de indivíduos humanos é, de longe, o principal; a meta de tornar-se feliz certamente ainda continua de pé, mas é empurrada para o segundo plano, e quase se tem a impressão de que a criação de uma grande comunidade humana seria mais bem-sucedida caso não fosse preciso se preocupar com a felicidade do indivíduo. O processo de desenvolvimento do indivíduo pode apresentar, portanto, traços particulares que não são reencontrados no processo cultural da humanidade; apenas na medida em que o primeiro processo tem como meta a ligação com a comunidade é que ele precisa coincidir com o último.

Tal como o planeta que ainda gira em torno de um corpo central além de rodar sobre seu próprio eixo, assim o indivíduo também participa do desenvolvimento da humanidade enquanto segue o seu próprio rumo na vida. Mas, aos nossos olhos míopes, o jogo de forças no céu parece paralisado numa mesma e eterna ordem; já nos processos orgânicos, vemos como as forças lutam entre si e como os resultados do conflito se modificam constantemente. É desse mesmo modo que as duas aspirações, a de felicidade individual e a de integração humana, têm de lutar entre si em cada indivíduo; é assim que os dois processos de desenvolvimento, o individual e o cultural, têm de se hostilizar mutuamente e disputar o terreno um do outro. Mas essa luta entre o indivíduo e a sociedade não é um derivado da oposição provavelmente inconciliável entre os impulsos primordiais, eros e a morte; ela significa uma disputa na economia da libido, comparável ao conflito pela divisão da libido entre o eu e os objetos, e admite um equilíbrio final no indivíduo, tal como esperamos que também ocorra no futuro da cultura, por mais que atualmente essa luta dificulte tanto a vida desse indivíduo.

A analogia entre o processo cultural e o caminho do desenvolvimento do indivíduo ainda pode ser ampliada de modo significativo. Pode-se afirmar que a comunidade também forma um supereu sob cuja influência o desenvolvimento cultural se completa. A investigação detalhada dessa equiparação seria uma tarefa atraente para um conhecedor das culturas humanas. Quero me limitar a salientar alguns pontos que chamam a atenção. O supereu de uma época da cultura tem uma origem semelhante à do supereu do indivíduo; ele repousa sobre a impressão deixada por grandes líderes, homens de avassaladora força de espírito ou nos quais uma das aspirações humanas encontrou o seu desenvolvimento mais forte e mais puro, e por isso, com frequência, também mais unilateral. Em muitos casos, essa analogia vai ainda mais longe na medida em que essas pessoas – muitas vezes, embora não sempre – foram escarnecidas e maltratadas pelas outras enquanto viveram ou mesmo eliminadas de maneira cruel, da mesma forma que o pai primordial só muito tempo depois de sua morte violenta ascendeu à condição de divindade. O exemplo mais comovente dessa conjunção fatídica é justamente a pessoa de Jesus Cristo, se é que ela não pertence ao mito, que a chamou à vida numa obscura recordação daquele acontecimento primordial. Outro ponto de concordância é o fato de o supereu cultural, exatamente do mesmo modo que o supereu do indivíduo, estabelecer rigorosas exigências ideais, cuja inobservância é punida com o "medo da consciência moral".[53] Aí se produz o caso notável de que os processos psíquicos pertinentes neste contexto nos sejam mais familiares, mais acessíveis à consciência, a partir da massa do que podem sê-lo no caso do indivíduo. Neste último, em caso de tensão, apenas as agressões do supereu se tornam perceptíveis de modo ruidoso sob a forma de censuras, enquanto as próprias exigências do supereu frequentemente permanecem inconscientes em segundo plano. Quando trazidas ao conhecimento consciente, mostra-se que elas coincidem com os preceitos do respectivo supereu cultural. Neste ponto, ambos os processos – o de desenvolvimento cultural da multidão e o particular do indivíduo – são normalmente

---

53. Cf. nota 42. (N.T.)

colados um no outro, por assim dizer. Em razão disso, muitas manifestações e características do supereu podem ser mais facilmente reconhecidas por seu comportamento na comunidade cultural do que no indivíduo.

O supereu cultural formou seus ideais e impõe suas exigências. Entre essas exigências, aquelas que dizem respeito às relações dos seres humanos entre si são resumidas sob o nome de ética. Em todas as épocas se atribuiu enorme valor a essa ética, como se justamente dela se esperassem realizações especialmente importantes. E, de fato, a ética se dirige àquele ponto que em cada cultura pode ser facilmente identificado como o mais sensível. A ética, portanto, pode ser compreendida como uma tentativa terapêutica, como um esforço para alcançar, por meio de um mandamento do supereu, aquilo que até então não pôde ser alcançado por meio do trabalho usual da cultura. Já sabemos que a questão aí é a maneira de eliminar o maior obstáculo à cultura – a tendência constitucional dos homens à agressão mútua –, e precisamente por isso adquire interesse especial para nós aquele que talvez seja o mais recente dos mandamentos culturais do supereu: "Amarás o teu próximo como a ti mesmo". Na investigação e na terapia das neuroses chegamos a fazer duas censuras ao supereu do indivíduo: com a severidade de seus mandamentos e proibições, ele se preocupa muito pouco com a felicidade do eu, na medida em que não leva suficientemente em conta as resistências à obediência, a saber, a força dos impulsos do isso e as dificuldades do ambiente real. Por tal motivo, somos obrigados com muita frequência a combater o supereu com intenção terapêutica, e nos esforçamos em reduzir suas exigências. Podemos fazer objeções muito parecidas às exigências éticas do supereu cultural. Ele também não se preocupa o bastante com os fatos da constituição psíquica do homem; ele promulga um mandamento e não pergunta se é possível ao homem obedecê-lo.

Pelo contrário, ele supõe que tudo o que se ordena ao eu do homem é psicologicamente possível, que o eu tem o controle irrestrito sobre o seu isso. O que é um erro; mesmo no caso das assim chamadas pessoas normais, não é possível elevar o controle do isso além de certos limites. Caso se exija mais, produz-se rebelião ou neurose no indivíduo, ou se provoca a sua infelicidade. O mandamento "Amarás o teu próximo como a ti mesmo" é a defesa mais forte contra a agressão humana e um exemplo excelente do procedimento nada psicológico do supereu cultural. O mandamento é impossível de ser cumprido; uma inflação tão grandiosa do amor apenas pode diminuir seu valor, sem resolver o problema. A cultura negligencia tudo isso; ela apenas admoesta que quanto mais difícil for obedecer ao preceito, tanto maior o mérito em obedecê-lo. Só que na cultura atual, aquele que observa tal preceito apenas se coloca em desvantagem frente àquele que o transgride. Quão poderoso não deve ser o obstáculo da agressividade à cultura se a defesa contra essa agressividade é capaz de tornar o ser humano tão infeliz quanto a própria agressão! A chamada ética natural nada tem a oferecer aqui exceto a satisfação narcisista de permitir que alguém se julgue melhor que os outros. A ética que se apoia na religião introduz nesse ponto as promessas de um além melhor. Penso que a ética pregará em vão enquanto a virtude não for recompensada já na Terra. Também me parece fora de dúvida que uma mudança real nas relações do homem com a propriedade seria de mais ajuda que qualquer mandamento ético; no entanto, no caso dos socialistas, essa compreensão é turvada e perde seu valor de execução por causa de um novo equívoco idealista acerca da natureza humana.

A abordagem que pretende investigar o papel de um supereu nos fenômenos do desenvolvimento cultural me parece prometer ainda outros esclarecimentos. Eu me apresso a concluir. Há uma questão, contudo, que me é difícil evitar. Se o desenvolvimento cultural apresenta semelhanças tão amplas com o do indivíduo e trabalha com os mesmos meios, não seria justificado diagnosticar que muitas culturas ou épocas da cultura – e possivelmente toda a humanidade – se tornaram "neuróticas" sob a influência das aspirações culturais? A decomposição analítica dessas neuroses poderia ser acompanhada de propostas terapêuticas merecedoras de grande interesse prático. Eu não diria que semelhante tentativa de transferir a psicanálise para o âmbito da comunidade cultural fosse absurda ou condenada à esterilidade. Mas seria preciso muita cautela, sem esquecer de que se tratam, afinal, apenas de analogias, e de que é perigoso, não apenas no caso de seres humanos, mas também no caso de conceitos, arrancá-los da esfera em que nasceram e se desenvolveram. O diagnóstico das neuroses coletivas também tropeça numa dificuldade especial. No caso da neurose individual, nosso primeiro ponto de apoio é o contraste pelo qual o doente se destaca de seu meio considerado "normal". Numa massa afetada homogeneamente, esse pano de fundo deixa de existir e teria de ser buscado em outro lugar. E, no que se refere à aplicação terapêutica dessa ideia, de que adiantaria a mais acertada análise da neurose social se ninguém possui a autoridade para impor a terapia à massa? Apesar de todas essas complicações, temos o direito de esperar que um dia alguém empreenda a façanha de semelhante patologia das comunidades culturais.

Pelos mais variados motivos, não tenho nenhum interesse em apresentar uma valoração da cultura humana. Esforcei-me por manter longe de mim o preconceito entusiasta de que nossa cultura é a coisa mais preciosa que possuímos ou poderíamos adquirir e que seu caminho terá de nos conduzir necessariamente a alturas de perfeição nunca imaginadas. Pelo menos posso ouvir sem me indignar o crítico que opina que, se considerarmos as metas da aspiração cultural e os meios de que se serve, teríamos de chegar à conclusão de que todo o esforço não vale a pena, e que o resultado apenas pode ser um estado que o indivíduo precisa achar insuportável. Minha imparcialidade é facilitada pelo fato de que sei muito pouco acerca de todas essas coisas; apenas sei com certeza que os juízos de valor dos homens se derivam sem exceção de seus desejos de felicidade, e que são, assim, uma tentativa de apoiar suas ilusões com argumentos. Eu compreenderia muito bem se alguém acentuasse o caráter forçoso da cultura humana e dissesse, por exemplo, que a tendência à limitação da vida sexual ou a tendência à imposição do ideal de humanidade à custa da seleção natural são orientações de desenvolvimento inevitáveis e que não admitem desvios, diante das quais é melhor se curvar como se fossem necessidades da natureza. Também conheço a objeção a isso, a de que tais aspirações, que são consideradas inexpugnáveis, frequentemente são descartadas no decorrer da história da humanidade e substituídas por outras. Assim, perco o ânimo de me fazer de profeta entre meus semelhantes, e me curvo à censura que me fazem de que não sei lhes trazer nenhum consolo, pois é isso que todos pedem no fundo, os mais selvagens revolucionários não menos apaixonadamente do que os mais bem-comportados beatos.

Parece-me que a questão decisiva da espécie humana é a de saber se, e em que medida, seu desenvolvimento cultural conseguirá dominar o obstáculo à convivência representado pelos impulsos humanos de agressão e de autoaniquilação. Quanto a isso, talvez precisamente a época atual mereça um interesse especial. Os seres humanos conseguiram levar tão longe a dominação das forças da natureza que seria fácil, com o auxílio delas, exterminarem-se mutuamente até o último homem. Eles sabem disso; daí uma boa parte de sua inquietação atual, de sua infelicidade, de sua disposição angustiada.

E agora cabe esperar que o outro dos dois "poderes celestes", o eterno eros, faça um esforço para se impor na luta contra seu adversário igualmente imortal. Mas quem pode prever o sucesso e o desfecho?

Bibliografia[1]

AICHHORN, A. *Verwahrloste Jugend* [*Juventude abandonada*]. Viena, 1925. (183)

ALEXANDER, F. *Die Psychoanalyse der Gesamtpersönlichkeit* [*Psicanálise da personalidade integral*]. Viena, 1927. (183)

BLEULER, E. "Der Sexualwiderstand" ["A resistência sexual"]. *Jb. psychoanalyt. psychopath. Forsch.*, vol. 5, p. 442, 1913. (156)

DALY, C.D. "Hindumythologie und Kastrationskomplex" ["Mitologia hindu e complexo de castração"]. *Imago*, vol. 13, p. 145, 1927. (148)

FEDERN, P. "Einige Variationen des Ichgefühls" ["Algumas variações do sentimento do eu"]. *Int. Z. Psychoanal.*, vol. 12, p. 263, 1926. (110)

_____. "Narzißmus im Ichgefüge" ["O narcisismo na estrutura do eu"]. *Int. Z. Psychoanal.*, vol. 13, p. 420, 1927. (110)

FERENCZI, S. "Entwicklungsstufen des Wirklichkeitssinnes" ["Estágios de desenvolvimento do senso de realidade"]. *Int. Z. ärztl. Psychoanal.*, vol. 1, p. 124, 1913 c. (110)

FREUD, S. "Charakter und Analerotik" ["Caráter e erotismo anal"]. 1908 b. (*Gesammelte Werke*, vol. 7, p. 203; *Studienausgabe*, vol. 7, p. 23) (146)

_____. "Formulierungen über die zwei Prinzipien des psychischen Geschehens" ["Formulações acerca dos dois princípios do processo psíquico"]. 1911 b. (*GW*, vol. 8, p. 230; *SA*, vol. 3, p. 13) (127)

_____. *Totem und Tabu* [*Totem e tabu*]. 1912-1913. (*GW*, vol. 9; *SA*, vol. 9, p. 287.) (148, 183, 189)

---

[1]. Os números entre parênteses no final de cada entrada indicam a(s) página(s) em que a obra é mencionada na presente edição. (N.T.)

_____. *Vorlesungen zur Einführung in die Psychoanalyse* [*Conferências de introdução à psicanálise*]. 1916-1917. (*GW*, vol. 11; *SA*, vol. 1, p. 33) (127)

_____. *Jenseits des Lustprinzips* [*Além do princípio de prazer*]. 1920 g. (*GW*, vol. 13, p. 3; *SA*, vol. 3, p. 213) (168)

_____. *Massenpsychologie und Ich-Analyse* [*Psicologia das massas e análise do eu*]. 1921 c. (*GW*, vol. 13, p. 73; *SA*, vol. 9, p. 61) (166)

_____. *Die Zukunft einer Illusion* [*O futuro de uma ilusão*]. 1927 c. (*GW*, vol. 14, p. 325; *SA*, vol. 9, p. 135) (119, 137, 189)

JONES, E. "Anal-Erotic Character Traits" ["Traços de caráter erótico-anais"]. *J. abnorm. Psychol.*, vol. 13, p. 261, 1918. (146)

LAST, H. "The Founding of Rome" ["A fundação de Roma"]. In: *The Cambridge Ancient History*, vol. 7. Cambridge, 1928. (114)

Colaboradores desta edição:

Renato Zwick é bacharel em filosofia pela Unijuí e mestre em letras (língua e literatura alemã) pela USP. É tradutor de Nietzsche (*O anticristo*, L&PM, 2008; *Crepúsculo dos ídolos*, L&PM, 2009; e *Além do bem e do mal*, L&PM, 2008), de Rilke (*Os cadernos de Malte Laurids Brigge*, L&PM, 2009), de Freud (*O futuro de uma ilusão*, 2010; *O mal-estar na cultura*, 2010; *A interpretação dos sonhos*, 2012; *Totem e tabu*, 2013; *Psicologia das massas e análise do eu*, 2013; *Compêndio de psicanálise*, 2014, todos publicados pela L&PM Editores) e de Karl Kraus (*Aforismos*, Arquipélago, 2010), e cotradutor de Thomas Mann (*Ouvintes alemães!: discursos contra Hitler (1940-1945)*, Jorge Zahar, 2009).

Renata Udler Cromberg é formada em psicologia e filosofia pela USP, com mestrado e doutorado pela mesma universidade. É psicanalista, membro do Departamento de Psicanálise do Instituto Sedes Sapientiae, e autora de *Paranoia* (Casa do Psicólogo, 2000), *Cena incestuosa* (Casa do Psicólogo, 2001) e *O amor que ousa dizer seu nome, Sabina Spielrein, uma pioneira da psicanálise* (Livros da Matriz, 2015).

Márcio Seligmann-Silva é doutor pela Universidade Livre de Berlim, pós-doutor por Yale, professor titular de Teoria Literária na UNICAMP e pesquisador do CNPq. É autor de *Ler o livro do mundo* (Iluminuras/FAPESP, 1999; prêmio Mario de Andrade/Biblioteca Nacional), *Adorno* (PubliFolha, 2003), *O local da diferença* (Editora 34, 2005; prêmio Jabuti 2006) e *Para uma crítica da compaixão* (Lumme, 2009), além de organizador de diversas obras, como *Leituras de Walter Benjamin* (Annablume/FAPESP, 1999) e *A obra de arte na era de sua reprodutibilidade técnica*, de Benjamin (L&PM, 2014). Traduziu obras de Lessing (*Laocoonte*, Iluminuras, 1998), Benjamin (*O conceito de crítica de arte no romantismo alemão*, Iluminuras, 1993) e Habermas, entre outros.

PAULO ENDO é psicanalista e professor do Instituto de Psicologia da USP, com mestrado pela PUC-SP, doutorado pela USP e pós-doutorado pelo Centro Brasileiro de Análise e Planejamento / CAPES. É pesquisador-colaborador do Laboratório de Pesquisa em Psicanálise, Arte e Política da UFRGS e do Laboratório Interdisciplinar de Pesquisa e Intervenção Social da PUC-Rio. É autor de *A violência no coração da cidade* (Escuta/ Fapesp, 2005; prêmio Jabuti 2006) e *Sigmund Freud* (com Edson Sousa; L&PM, 2009), e organizador de *Novas contribuições metapsicológicas à clínica psicanalítica* (Cabral Editora, 2003).

EDSON SOUSA é psicanalista, membro da Associação Psicanalítica de Porto Alegre. É formado em psicologia pela PUC-RS, com mestrado e doutorado pela Universidade de Paris VII, e pós-doutorado pela Universidade de Paris VII e pela École des Hautes Études en Sciences Sociales de Paris. Pesquisador do CNPq, leciona como professor titular do Departamento de Psicanálise e Psicopatologia e no Pós-graduação em Psicanálise: Clínica e Cultura da UFRGS, onde também coordena, com Maria Cristina Poli, o Laboratório de Pesquisa em Psicanálise, Arte e Política. É autor de *Freud* (Abril, 2005), *Uma invenção da utopia* (Lumme, 2007) e *Sigmund Freud* (com Paulo Endo; L&PM, 2009), além de organizador de *Psicanálise e colonização* (Artes e Ofícios, 1999) e *A invenção da vida* (com Elida Tessler e Abrão Slavutzky; Artes e Ofícios, 2001).

L&PMCLÁSSICOS**MODERNOS**

Antologia poética – Anna Akhmátova
Dublinenses – James Joyce
Ao farol – Virginia Woolf
O futuro de uma ilusão seguido de *O mal-estar na cultura* – Sigmund Freud
Misto-quente – Charles Bukowski
Nada de novo no front – Erich Maria Remarque
Os subterrâneos – Jack Kerouac

lepmeditores
www.lpm.com.br
o site que conta tudo

IMPRESSÃO:

PALLOTTI
GRÁFICA

Santa Maria - RS | Fone: (55) 3220.4500
www.graficapallotti.com.br